社会主义核心价值体系建设

“双百”出版工程

项 目

/ 100 位

新中国成立以来感动中国人物/

孔繁森

郭保林/著

吉林文史出版社

《100位新中国成立以来感动中国人物》丛书

前言

每个人的心中都多少有一点英雄情结，都向往英雄、景仰英雄。也正因此，在中华人民共和国建国六十周年之际，由中央十一部委联合组织开展的“100位为新中国成立作出突出贡献的英雄模范人物和100位新中国成立以来感动中国人物”的评选活动中，群众参与投票总数近一亿。这其中的每一张选票，都表达了人们对英雄模范的崇敬之情，寄托着对伟大祖国的美好祝福。

一个民族不能没有英雄，否则这个民族就不会强大。当国家危难之时，懦弱者选择了逃避、妥协甚至投降，英雄们却挺身而出，用热血捍卫民族的尊严，人民的幸福。在创立和建设新中国的伟大历程中，涌现出无数可歌可泣的英雄模范人物。他们之中，有为了民族独立和人民解放而英勇牺牲的革命先烈，有为了党和人民的事业而不懈奋斗的优秀共产党员，有在全民族抗战中顽强奋战、为国捐躯的爱国将士，有英勇杀敌的战斗英雄和革命群众，有积极从事进步活动的著名民主爱国人士和国际友人……他们是民族的脊梁、祖国的骄傲，是激励全体人民团结奋斗的精神力量。

《100位新中国成立以来感动中国人物》丛书，就像一部星光璀璨的英雄谱，真实、完整地记录了英雄模范人物不平凡的一生，再现了他们非凡的人格魅力和精神世界。舍身堵枪眼的黄继光，拼命也要拿下大油田的王进喜，中国原子弹之父邓稼先，新时期领导干部的楷模孔繁森……一串串闪光的名字，一个个动人的故事，犹如群星闪烁，光耀中华。

当今中国正处于伟大变革的时代，迫切需要涌现出一大批勇于承担历史使命、为祖国和人民奉献一切的先进人物。在“双百”人物崇高精神的引领下，在建设社会主义现代化国家的征程中，必将英雄辈出。

生平简介

孔繁森（1944–1994），男，汉族，山东省聊城市人，中共党员。生前系西藏阿里地区地委书记。

孔繁森自觉以党和人民的需要为己任，两次进藏工作，在雪域高原奋斗十个春秋。1979 年，他告别年逾古稀的老母、体弱多病的妻子和尚处幼年的孩子，在海拔 4700 多米的西藏自治区岗巴县一干就是 3 年。在此期间，他经常深入乡村、牧区与群众一起干农活、修水利。1988 年，他克服困难再次带队进藏任拉萨市副市长，分管文教、卫生和民政工作。他跑遍全市绝大部分中小学校、敬老院和养老院，为教育事业奔波操劳，给孤寡老人送去温暖。他领养了地震灾区的 3 个藏族孤儿，并隐姓埋名先后 3 次为他们献血。1992 年，他又到被称为“世界屋脊的屋脊”的阿里地区任地委书记。1994 年，阿里高原发生罕见暴风雪灾，他带领工作组第一时间赶到受灾地区，把救济粮和救济款送到受灾群众手中，每天工作到深夜两点多才休息。在他带领下，经过广大干部群众的努力，阿里经济有了较快发展，1994 年全地区国民生产总值比上年增长 37.5%。他受到藏族群众的普遍称赞，被誉为“新时期领导干部的楷模”。1994 年 11 月，他在考察工作途中因车祸殉职，终年 50 岁。他被评为全国民族团结进步模范、全国先进工作者。

1944-1994

[KONGFANSEN]

◀孔繁森

目录 MULU

世界屋脊的脊梁（代序）

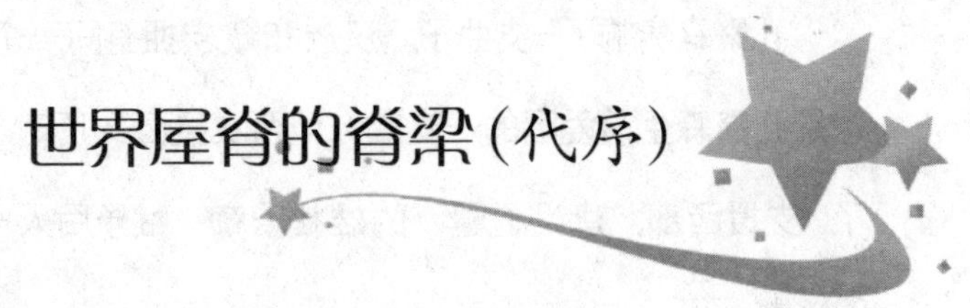

“一个人爱的最高境界是爱别人，一个共产党人爱的最高境界就是爱人民。”这是孔繁森荡气回肠的心语，更是他精神世界的真实写照。孔繁森用堂堂男儿血肉之躯，干出了既轰轰烈烈、又平平凡凡的感人事迹，实现了由一个平常的人到高尚的人、大写的“人”的超越；实现了由一名普通党员到优秀党员、模范党员的超越；实现了由一名普通干部到人民公仆、领导干部楷模的超越。

孔繁森高扬了一面旗子。他从部队到地方，从鲁西到阿里，踩出一条闪光的人生轨迹。当有些人把羡慕的目光投向西方，梦想用美元铺垫所谓灯红酒绿的理想生活之路，他却跨越万里关山走向艰苦的青藏高原；当一些人挖空心思，奔走于个人的升迁之途，他却埋头耕耘雪域边关；当一些人深陷金钱物欲的泥潭，捞取人民的血汗去经营自己的安乐窝时，他却用自己的工资帮助那些困难的群众。为了那里的人民，他献出了金钱、鲜血、健康乃至生命。他以自己的行动表明，无论过去、现在还是将来，闪耀在共产党的旗帜上永远是九个金光闪闪的大字：“全心全意为人民服务。”

孔繁森熔铸了一面镜子。他对待组织无限忠诚，对待人民无限热爱，对待事业全力以赴，对待艰苦决不退缩，对待自己克己奉公，对待金钱和名利地位从不计较。孔繁森的事迹和精神为后人树立起一面晶莹闪亮的人生之镜。

孔繁森奏响了一支曲子。"汉族和藏族拥有同一个母亲，她的名字叫中国。"这是孔繁森生前爱唱的一支歌。他两次援藏，历时十载，以自己的生命奏响了"支援西部，建设边疆"的雄壮乐章；赋予后人一生浩然正气，永世传唱的颂歌。

孔繁森昭示了一条路子。他从一个普通的青年成长为一名共产党员，从一个普通的干部成长为一名优秀的领导干部，他一生艰苦朴素，清正廉洁，淡泊名利，服务人民，他用自己的实际行动实践了"耿耿忠心照雪山"的誓言，他用自己的生命将"为人民服务"五个大字的核心宗旨镌刻在了世界之巅，为共产党员和领导干部昭示了一条正确的人生之路。

让我们沿着孔繁森的人生轨迹，走进他的世界，再一次抚摸世界屋脊的脊梁。

高原倚天长呼唤

一 人民的需要，就是我的志愿

1988年10月。泉城。

中共山东省委组织部接到中央组织部一封公函：要求山东省委在这批援藏干部中选派一名副厅级干部，担任拉萨市副市长。条件是：熟悉西藏情况，党性强，有魄力，富有开创精神和独立工作经验，年龄40岁左右，且具备那种“特别能吃苦，特别能忍耐，特别能战斗，特别能创业，特别能奉献”的“老西藏”人的品格。

——条件是有点苛刻。

时任组织部副部长王克玉手捧公函，踌躇了。对西藏兄弟民族要求选派的干部，他不能不慎重考虑，这不仅关系到山东干部的声誉，还是关系着民族团结的大事。

他又展开公函，反复看了几遍。蓦然间，他眼睛豁然一亮，顺手拿起笔，在纸上写下三个大字：孔繁森。

副部长缓缓地放下笔，旋即眉额却慢慢地隆起来：孔繁森现任聊城行署副专员，1979年至1981年，曾作为第一批援藏干部，担任过日喀则地区岗巴县县委副书记，两次援藏，山东和全国尚无先例，也不知道他家庭有没有困难？西藏生活条件比内地艰苦得多，上次援藏，他为深入基层，学骑马而被摔伤，不知可有后遗症，最近身体状况如何……

好一阵，副部长才迟疑地拿起电话，拨通了聊城。

当时任中共聊城地委书记的王乐泉很快赶到济南。

“乐泉，给你一封信看看。”

王乐泉接过那封来函，认真地看了一遍，那宽阔的下巴微微一扬，脱口说道：“我看孔繁森同志完全符合这些条件，繁森同志援过藏，有西藏工作的经验，也有开拓精神，担任拉萨市副市长，应当说是最适合的人选啊！”

副部长笑了：“我也这样考虑，繁森同志，我过去在聊城工作时，深知他工作作风扎实，善于团结干部，联系群众，能吃苦，任劳任怨，勤政廉洁，我相信他能担负这一重任。”

不谋而合。

正出差在北京的孔繁森被急电召回济南。

王克玉和孔繁森是老同事，早在十多年前，孔繁森担任聊城地委宣传部副部长期间，他还是孔繁森的部下呢！两人见面，亲热得不得了。王克玉急忙拉过一把椅子让孔繁森坐下，接着又递给孔繁森一支烟，自己也点燃一支，目光透过缭绕的烟雾亲切地打量着多日不见的“老部长”：他衣着依然朴素整洁，一身银灰色的西服，质料虽不高贵，但熨洗得平平展展，一条极为普通的领带打得板板正正，既透出一种干练的气质，也流露出一种潇洒的风度。他脸颊虽然有些消瘦，神色也有些疲惫，但一双眼睛依然神采奕奕，因为同事多年，知根知底，王克玉没有过多的寒暄和客套，便很坦诚地把想法告诉了他：

“组织上想派你执行第二次援藏任务，担任拉萨市副市长。这次援藏干部15人，还打算让你担任领队，有什么困难和要求么？”副部长还告诉他，现在尚未最后确定，家里有困难可提出来，组织上可以另考虑人选。

“没困难，没困难！”孔繁森连声说道，眼里闪烁着激动的火花，“我非常感激组织的信任，服从组织的决定，事先不知道援藏的事，不然，就是组织上不点名，我也会报名的。再说，上次援藏是藏族同胞救了我的命，我理应为他们多做些事……哦，请领导放心，我不会辜负省委的期望！”

声音不高，但句句入情入理，发自肺腑。

副部长也深受感动，不禁想起他第一次报名援藏的情景——

那是1979年，山东省委根据中央指示，组织干部援藏，孔繁森得悉后立即报名。那时，30多岁的孔繁森已是聊城地委宣传部副部长了。他是个幸运儿，仕途上一帆风顺，只要一如既往地干下去，不出窝，几年后就是正处级、副厅级……可他偏要抛家舍业，远行万里，到条件最艰苦的西藏去工作。当时许多人不理解，上有年近八旬的老母亲，下有三个孩子，大的7岁，小的2岁，都在农村，妻子身体不好，这个家离不开他哟！大家便规劝他不该报名。他反而声情激动地做对方的工作："我们国家正处在拨乱反正、百废待兴之时，党既然组织干部援藏，说明西藏缺少干部，急需支援。我这样年轻的县级干部不报名，难道让党来点名？还要组织上费口舌，做思想工作？至于说西藏自然环境差，生活条件不好，用不着考虑。人家能吃的苦，我孔繁森就能吃。说起家里的事，我想平常日子还过得去，有个沟沟坎坎，你们这些朋友帮一把就行了。再说，谁没有家？要以此为理由不去西藏，山东还能集合起人来？……"一番炽热滚烫的话，说得朋友们张口结舌，无言以对。

他第一次援藏回来，夜里在梦中常常思念那些和他情同手足的藏族同胞，一次次向他担任县委副书记的岗巴县领导和群众写信问候。给那些患病的波拉、姆拉们寄药，寄衣物，寄毛毯、棉被；给查果拉边防战士寄去家乡的土特产；给县里、区里、乡里的干部出主意，想办法，使藏胞们尽快地脱贫致富……心相连，情相牵，而今又让他回到那片高原厚土，回到第二故乡，他心情怎能不激动？

他向副部长又滔滔不绝地讲起他对西藏的感情来，谈起西藏的风土人情，更是眉飞色舞。一张悄悄爬上岁月犁痕的脸，被激情燃烧的热血涨得通红；两只眼睛闪烁着激动的光芒，他洞开心扉，直抒胸臆，让人触手可及那一颗炽热滚烫的心！

副部长递过一支烟，提醒他：

"你要和夫人商量一下，做好思想工作！"

"啊，你放心，你放心，她娘们儿是不会拖我后腿的！"沉思片刻，接着哈哈一笑，说道："要相信群众嘛！"

“是七尺男儿生能舍己，作千秋鬼雄死不还乡！”

☆☆☆☆☆

孔繁森第二次援藏的消息不胫而走。

地委、行署，大大小小机关的同事、朋友，远远近近的同学同乡，几乎多达一个团，纷沓而至，络绎不绝，可谓“说客盈门”。

“孔主任，你不能去呀，你就不考虑家里的困难吗？”他担任过行署办公室副主任，办公室的同事苦口婆心规劝道。

“谁家没有困难？西藏需要我，说明那里工作有困难。咱们不去谁去？”

“孔局长，你已经援过藏了，西藏的滋味还没尝够吗？”

“不就是苦点嘛！不苦，还要咱共产党员干啥哩？这滋味我还没尝够呢！”说罢爽朗一笑，在他心目中，共产党员就是董存瑞，就是黄继光，就是雷锋，就是焦裕禄。哪里艰苦就应该扑向哪里，哪里有困难就应该奔向哪里。

“孔部长，你身体能撑得住？”他在宣传部工作时的老部下试试探探地说。

“身体没事，不信咱俩摔个跤，比试比试！”孔繁森依然微笑着，“趁咱现在身强力壮多为党和人民做点工作，多办点实事，要无愧于党和人民哪！”

“孔书记，”他在莘县担任县委副书记时结交的一大批朋友也纷纷赶到聊城，“你呀，太较真啦，现在还兴这个？”

“你说什么？咋个不兴？”孔繁森有点火辣辣的。他看到近些年来有些共产党员出现享乐主义、拜金主义，不正之风愈演愈烈，腐败现象日趋严重，早就忿然在心，他激愤不已，振振有词："共产党就讲认真，认认真真做人，认认真真做事，认认真真当好人民公仆！"接着又说道：我们共产党员不为真理而斗争，难道要为假恶丑去奋斗？共产党员视党的事业为生命，来不得一丝一毫的虚假！

对方脸红了，不再吱声了。

"三哥，你不为老婆孩子着想，也得想想年近九旬的老母亲啊！"

他在家里排行老三。"三哥"，既无江湖哥们儿之义气，更无那种庸俗之含意。他像大哥哥一样关怀体贴周围的同志。

然而这句话倒很灵。孔繁森好一阵不说话，目光变得黯淡，眼睛湿润了，心里涌出一种酸酸的味儿。

孔繁森是有名的大孝子。无论他当宣传部副部长时，或是任莘县县委副书记时，抑或他担任岗巴县县委副书记时，从西藏探亲回家，只要一有闲暇，便帮老人洗脚，洗脸，梳头，剪指甲，背着老人看电影，推着小车载着老母亲看花灯……他常说，一个连自己亲生父母都不孝敬的人，肯定对同志没有诚意，对党的事业也不会忠诚。

沉吟良久，他轻轻地叹口气："我对不起母亲大人，我不是个好儿子！西藏有更多的老人需要我照顾，有更多的孩子需要我抚育，我想，她老人家会原谅我的！"说着眼泪簌簌地滴落下来。

第二天，是个秋雨霏霏的天气。孔繁森将离别生于斯、长于斯、工作于斯的故土，他约一位朋友一块骑自行车回到距聊城市40余华里的故乡五里墩，看望卧在病榻上的老母亲。

孔繁森走进那间简陋低矮的土屋里，只见满头白发、皱纹叠叠的老母亲瘫痪在床，顿时热泪糊住双眼。他一脚跪在床前，双手抱住母亲的脖子，老母亲伸出瘦骨嶙峋的双手，紧紧地抓住自己的小儿子，生怕他远走高飞，泪眼婆娑，声音哽咽。

"娘，我要到很远很远的地方去学习，要翻过好几座山，涉过十几条大河，来回要好多天，土路，不好走……"

"不去不行吗？孩子们学习，你凑啥热闹？"

"不去不行……这是公家的事，回来，我再看望您，您老人家可要保重啊！"说到这里，孔繁森再也止不住，热泪潸然泉涌。

"啊，去吧，公家的事耽误不得。"老母亲抚摸着儿子的头，声音哽咽道，

“出远门，要多带点衣裳，多带点干粮，路上，不要喝凉水……”

天下何处觅真情？一片慈母心！

起身返回聊城时，孔繁森对这位朋友说：“老赵，你是山东大学毕业的，能否请书法家蒋维崧先生为我题写一帧条幅？要写就写这两句话：‘是七尺男儿生能舍己，作千秋鬼雄死不还乡’！麻烦老友了！”

这位老友专程去济南，请老书法家蒋维崧先生写下这帧条幅，孔繁森如获至宝，立即托人装裱，打在行李卷里。

深夜，来探望的同事、朋友、领导都散去了；孩子们也都睡去了。房间里只剩孔繁森和他的妻子王庆芝。

一阵沉默，四目相视。

孔繁森望着妻子那双泪水蒙蒙的眼睛，心里百感丛生。

“啊，这些年你吃苦受累了，我对不起你呀……”孔繁森眼里泪光闪烁，声音有点发颤。

一句话，妻子倒嘤嘤地哭出声来，瘦削的肩膀抽搐着，眼泪从她那张发黄的皱纹初生的脸颊上流淌下来。她是一个勤劳、善良、贤慧的农家女儿。丈夫第一次援藏，按国家政策规定，她才由农村户口转为非农业户口，在地委印刷所当了工人。家庭收入拮据，为了养家糊口，多年来，她常常加班加点地工作，繁忙的劳动和沉重的家务，使她积劳成疾，患有肝炎、胃病，身体十分虚弱，他们结婚20多年（直到孔繁森去世26年零107天），相处不到四五年。现在丈夫又要远行，山高水阔路遥，一别经年，何时再相聚，怎能不让人悲伤痛苦？

“庆芝，你别哭，你一哭，我心里更不是味儿！”说着他自己倒止不住泪水盈盈了。

妻子停止抽泣，抬起泪眼望着他：“你去吧，你是党的人……我不拖你的后腿，家里，我照管，再苦再累，我担着……”

孔繁森拭拭眼角，声音依然有些发颤：“庆芝，我过几天把咱娘接来，天冷了，咱这里有暖气，比乡下条件好得多……每到冬天，你都要把她老人家接来。”

“嗯，俺知道。”

“要把孩子培养好，管好他们的学习，平时要少给他们零花钱，不要娇惯他们……”

“嗯，俺明白。”

“庆芝，你要记住，这一条顶顶重要，啥时候也不能向组织提出任何要求，更不能提家里困难……我去拉萨工作，不是给自己换取什么。多为老百姓办点事，心里坦然，活得踏实。”

“嗯，俺记心里啦！”

“你身子骨也不好，家务事能让孩子帮着干的，就让他们干，……待明年，我有机会接你去西藏，逛逛拉萨，看看拉萨新面貌……”孔繁森转涕为笑，想起舞台上屏幕上那个著名的歌舞节目。

王庆芝忧郁的脸上也泛起悦色，点点头：“俺要去的。”接着又说道：“你也要照顾好自己，俺不在你身边，做饭洗衣都帮不上你，可别生一口，冷一口的，你也是 40 多岁的人啦……”该是妻子嘱咐他了，声音里浸满泪水，也浸满深情。

“你上次在西藏骑马摔得脑震荡，怪吓人的，以后出门要小心，沟沟坎坎都当心点。”

孔繁森点点头。

“家里你就别挂念……孩子一天天大起来，慢慢就省心了……哦，还有你那痔疮，到那里去医院看一看，别不在意。”

“咱鲁西有一句乡谚：十人九痔。一点小毛病，没事，你甭惦挂！”

“西藏比咱这里冷得多，连织的带买的有 3 件毛衣，你倒替着穿……”妻子拭拭眼角，“到那里就往家打封信，家里这份工资我和孩子都不花（按规定援藏干部原单位仍保留基本工资），我买些营养品给你寄去。”

“不，不，”孔繁森摇摇头，“我身体还好，吃什么营养品啊，就那百十元钱，还有咱娘和三个孩子……够紧巴的，别考虑我了。”

……

夜深了。窗外秋月一轮，满庭清辉。夜风飒飒吹来，带着料峭的寒意。窗前梧桐，一树秋叶瑟瑟索索，奏响凄婉悲壮的声韵。

远方，高原在呼唤

☆☆☆☆☆

1988年10月22日。

孔繁森要告别故乡和亲人前往西藏了，现在要去济南集合，和山东援藏干部一块出征。

这天早晨，行署大院孔繁森那三间小平房里挤满了送行的人，地委、行署负责同志，地直各局、部、办、委的头头，也有普通干部、工人、勤杂人员、武警战士、同学同乡……小小胡同里，大院门里门外，熙熙攘攘，足足有几百人。他曾工作过的莘县县委的同志，他曾下乡蹲点的老房东也都赶来为他送行。

车子已停在胡同口。

孔繁森前几天把母亲接到聊城，现在母亲躺在里间小屋床上，刚刚醒来，然而年近九旬的老母亲，并不知道此情此景。人们谁都不敢告诉她真情。

屋里送行的人都出去了。有的站在小院天井里，有的站在胡同里，怕体弱多病的妻子难以承受分别的痛苦，人们早已把她安排到邻居家里。

屋里出现短暂的静寂。

孔繁森却迟迟不肯走出屋门，心里像有许多话尚未对老母亲说完。他突然推开里间屋的小门，扑通一声跪在地上，向老母亲连磕三个头："娘啊！儿对不起你……"话未说完，泪如泉涌，声音呜咽了。

这时，站在屋门口的当年的莘县县委书记阎廷琛，一边把着门不让外面的人进来，一边喊道："繁森，繁森……"

孔繁森擦干泪，一步三回首走出屋门。

送行的人们围得水泄不通。

“孔书记，你要多保重啊！”

“老孔，常联系啊！”

“三哥，别忘了给咱写信！”

“孔部长，祝你一路平安！”

“一路平安！”

……

孔繁森强忍着眼泪，一一向人们握别，心里一遍一遍地重复道:“再见吧，故乡！再见吧，亲人！我孔繁森不会辜负你们的期望！”

当孔繁森和山东援藏干部一起踏上西去的列车，已是翌日下午。

一路列车飞奔。平原、高山、溪流、江河……孔繁森从北国古运河畔向大西南崇山峻岭飞驰而去。

孔繁森倚在窗前，但他没有心思欣赏窗外变幻多姿的风光，这不单因他是领队——领队就是班长啊——他要照顾同行的十几个干部，他们都是第一次远离故乡，他们都很年轻，除了在地图上认识西藏，再就是从中小学课本上读过的有关诗文，任何感性的东西都几乎是零。他怕他们感到长途旅行的寂寞，一会儿给他们唱藏族歌曲，一会儿给大家描绘圣地拉萨的风光，介绍藏胞们的民风民俗，车厢里不时爆发出一阵阵笑声。一旦沉静下来，他的思绪又穿过茫茫山水飞到圣地拉萨，飞到世界屋脊的神山圣水——他知道，一个共产党员的神圣职责，他知道一个七尺男儿肩头的重担，那些纯朴憨厚的藏胞们在祈盼着他，边陲的山山水水都在呼唤着他……

他拿起笔来在日记本上写道：

我不喜欢孤独的歌唱，
我不喜欢哀怨和忧伤，
我喜欢尽情的欢笑，火热的生活，
我喜欢祖国的西南边疆……

趁火车在千里高原飞奔之际，让我们打开他尘封的昨天和前天，读一读他那闪光的青春吧——

打开昨天的青春

一 今天是由昨天和前天奠基

古老的马颊河从村前悠悠流过，河滩上是平阔的土地，那是一片贫瘠荒凉的盐碱涝洼地，春天一片白茫茫，夏天一片水汪汪。早在大清康乾年间，这里便是官家的放马场。荒草萋萋，鼠兔出没，阔野苍天，一群群战马仰天长啸，构成一幅苍凉悲壮的画面。

这就是鲁西平原一个小小乡村——五里墩的背景。

你来了。那是本世纪的中叶，抗日战争烽火硝烟正弥漫在这片荒凉贫瘠的土地上。你哭叫着、呐喊着，来到人间。

你家祖祖辈辈是农民，你爹是个满头高粱花子、两手老茧的庄稼人，本分、老实、憨厚。瘠薄的土地并没有给予丰厚的回报，依然是糠菜拌着泪水苦熬着春夏秋冬。你母亲纺花织布，闲暇时也帮着父亲刮碱土，淋小盐，到堂邑县城去卖，换回三升高粱二升黄豆。

一年之后，当你牙牙学语之时，堂邑县城忽然腾起一片霞光，锣鼓喧天，鞭炮齐鸣，人们欢呼雀跃：

“日本鬼子投降了！”

“抗战胜利了！”

……

欢呼声几乎把破旧的小城抬了起来。

八年哪，饥荒、兵燹、灾难，血与火，泪和恨，揪心撕胆的枪炮声，惊心动魄的半夜砸门声……这一切都噩梦般地过去了，娘怎能不高兴、不激动得热泪涌流呢？

8 岁那年，娘用家织的粗布给你缝了一个小书包，还用紫花布给你做一身小裤小褂，拉着你的手，走过晨露打湿的田间小路，走过那座颤颤悠悠的独木小桥，把你送到几里外的路庄完小。

土屋，土院墙；土桌子，土台子。简陋，寒伧。这里却是你心中的圣堂，知识的宫殿。

娘说："要听先生的话，用功读书！"

先生抚摸着你的小脑袋说："好好念书，长大了为国家做事！"

"俺记住了！"你对娘说："您回去吧，俺听老师的话，好好念书！"

娘笑了。你望着年过半百的母亲扭动着小脚消失在雾霭迷蒙的田野。小小心灵里，暗暗地下了决心："一定好好念书，学好本领，长大了为老百姓、为国家干一番大事业！"

果然，第一学期，你就拿了个"双百"，"满堂红"！

老师喜欢，娘高兴。

你喜欢唱歌，喜欢跳舞，你后来当上班里文娱委员。老师喜欢你诚实、聪明，小伙伴们喜欢你随和，从不欺侮比你年龄小的同学，还主持个"正义"。你很快成了"学生头儿"、"小活跃分子"。

歌声伴着你走过杏花初放的三月，伴你走过落叶纷飞的秋天。

放学了，你肩背着草筐，怀里揣着书本，一手拿着块干粮，一手拿着把镰刀，一边啃着干粮，一边向地里走去。你跑到运河滩上割牛草，初级社里养着几头大犍牛，每天放学后，你和小伙伴们便打回一筐筐青草。黄昏，你小小肩膀背着比你身体还重的一大筐青草送到合作社的饲养棚里。

这天黄昏，你割满一筐青草，坐在河边念起课文来，念一阵，太阳落山了，淡紫色的暮霭降临下来，远处的白杨林变得幽暗了。

你呆呆地望着河水，小小心灵里产生许多美妙的憧憬，也挂起很多问号，这河水从哪里来？要流到哪里去？外面的世界是什么样的？

你一颗小小心灵也带着美丽的梦幻，随着河水漂向远方……

初绽的梦

☆☆☆☆☆

那是中国人民难以忘记的"发高烧"的年代。大炼钢铁，深翻土地。男女老少吃住在田间。人们已进入了疯狂的境界。

13 岁的孔繁森已考入堂邑农中。农中，"农"而不"中"，学生和社员们一样整天在地里干活。那时候农村里组织什么"罗成队"、"黄忠队"、"花木兰队"等等。男子汉都大炼钢铁去了，村里剩下老弱残疾拉犁、拉耙，深翻土地，好好的土地深翻一丈二，像挖河似的。孔繁森参加了"罗成队"。长期的超负荷的劳动，加上正在发育期，瓜菜和粗茶淡饭支付不了过度的体力消耗，你长得瘦弱细小，像一根豆芽菜。

这天黄昏，你坐在地头上遐想。

你想起老师经常介绍北方那位"老大哥"家里的情况：楼上楼下，电灯电话，耕地不用牛，点灯不用油，浇地不用推水车，磨面不用驴拉人推，……那"集体农庄"的生活多幸福，多美妙啊！如果有了电，有了拖拉机该多好啊，大伯大娘们干活就不这么累了。嘿，我将来要学电，当电工，给家乡扯来高压线，让家乡机械化、电气化……

1959 年 7 月。

饥馑已悄悄向中国大地扑来。

农中尚未毕业的你，听说聊城成立了技工学校，学校里设有农机、电工、化工、果树栽培、机械制造等好多专业，你心里发着狠："我要学电，当电工，让家乡也实现电气化！"

你觉得这是一生最崇高的理想，最伟大的抉择，能为乡亲们解除劳累之苦，这是你最大的幸福！

你说："我要报考技工学校！"

早晨，天不亮，你就动身了，背上干粮和书包，娘把你送到运河崖。

“娘，你回去吧！”你松开娘的手。

娘停住脚步，用微微颤抖的声音说：“要好好考，别慌张，细点心……考完了就早回来。”娘又从衣襟里摸出带着体温、皱皱巴巴的几张毛票，这是娘夜里掐草帽辫卖的钱：“带上这6角钱，出门用得着！”

“不，不，娘，有干粮……”你摇头。

“买口热水，别喝凉水，要闹肚子的。”娘硬往你小手里塞。

你望望娘，她满是皱纹的脸抽搐了几下，两眼流出湿漉漉的光，目光里分明含着一种热切的期望，一种庄重的嘱托。你轻轻地叫了一声“娘”，擦擦泪眼，转过身，沿着河堤大步向前走去，走出老远，回首看，娘还站在一棵白杨树下向你张望，晨风吹动着一头华发……

四个小时后，你走进了技工学校的大门。一切都处于草创时期。7月的阳光照耀着空荡荡的校园，树很少，也很小。操场上长满野草。新建的教室，屋前屋后还堆放着砖头瓦块，还有灰浆。

“你为啥不上完中学就报考中专？”招生办公室的一个戴眼镜的老师问道。

“我想学电，让家乡实现电气化！村里大爷大娘干活太累了！”

在场的人都笑了！

“好，好，你填张表吧！”

你接过表格，掏出钢笔，刷地拔开笔帽，在表格上一笔一画地填写起来。

就这样，你跨进山东聊城技工学校的大门，成了你家乡第一名中专生。你成了五里墩村的骄傲，你成了爹娘的骄傲。

14岁的你开始走向人生的第一个台阶。

课堂上，老师讲述着“电”。从电的发明者，到电灯、电话、电报、电车、电机……的发明和创造，但是这些发明者的名字，很少是两个字或三个字的中国人的名字。你小小心灵里感到耻辱，我们中国人的脑瓜笨吗？为啥都让人家洋人占了先？不行，我将来也要当个发明家，我要为中国人争气，争光！

除了课堂认真听讲、记笔记，背诵那些定理、定义、公式，课外活动时，你一头扎进小小图书馆阅览室。凡是带“电”字的书、杂志，你都翻遍、读遍了，一本又一本，你读得入了迷。你对同学们说：将来我们成为电力发明家，让教材上、课本上出现用我们中国人命名的专用符号……

考试了，你的专业课成绩名列全班第一。

你的梦，在青春的枝头扑棱棱绽开了……

新的起点

★★★★★

1961年，那是人民共和国最艰难的岁月。

就在这一年，命运之神在冥冥之中，悄悄地给你安排了另一条道路。

这一天，老校长把你叫到他的办公室：

“你今年多大了？”

“周岁17，属猴的。”

老校长笑了。“快毕业了，你将来要干什么？”

“当电工呀!……不，当发明家！”你感到奇怪，明明校长知道你学的是电工，干吗还要问这个？

老校长点燃一支烟，吸了一口，抬起眼睛，说道：“如果组织不让你当电工，而安排你别的工作呢？”

“我服从分配！”你脱口说道，愣了一刻，又补充道：“我听组织安排。”

你连续三年被评为“三好学生”，又担任学生干部，听老师的话，从不打折扣，只要学校布置的老师安排的工作，你都争先恐后地干，但不知老校长有何打算？

“今年部队要从学校招收一部分青年学生入伍，你愿当兵去吗？”

“当兵？”这突如其来的消息，使你惊讶而又激动，你没有任何思想准备。但绿军装，红五星，在那个时代曾是一代青年最神圣的追求，最动人的诱惑，你脑瓜里顿时出现董存瑞、黄继光、罗盛教……一大串英雄人物的名字。自己要成为这支队伍中的一员，该是何等荣光。

你二话没说：“我报名！”

人生命运的转折，往往就是这样简单，简单得令人不可思议，很快你穿上了草绿色的军装。

你和许多来自这片黄土地的青年人乘上大卡车，走进了军营。

当然，你离开故乡时，母亲含着热泪一遍遍地嘱咐，乡亲们一声声地祝福，亲人们一程程地送行……那种热烈，那种眷恋，那种期望，让你泪涌不止，让你情潮翻腾……

你被分配到济南部队某部 90 医院当后勤兵。

开始，你心里的“小九九”总拨拉不开：后勤兵算什么兵呢?

指导员说：“我们这支队伍，不论是炊事员、通信员，或是电话员，都是为人民服务的，军人的天职就是服从命令。”

你的情绪很快稳定下来。

在医院里，你站岗放哨；下了岗你就跑到病房里，当起“义务护理员”。你拖地板，刷痰盂，擦玻璃，拭桌椅，给住院的伤病员战士、首长端屎、倒尿，什么活脏你抢着干什么，什么活累你争着干什么，你细瘦的躯体里像安着一个马达，永远不知疲倦，不知劳累，你发疯地干着这一切都属于份外的工作……

当年你被评上“五好战士”。

这点小小的荣誉，你并未像其他战士一样，把喜报寄到家里，却悄悄地藏起来。你心里发着狠，你要当一名真正的英雄。

1963 年，毛主席发出号召：“向雷锋同志学习。”七个气壮山河的大字，使 960 万平方公里的大地，卷起海啸，响彻惊雷。从军营到学校，从机关到企事业，亿万人民掀起了学习雷锋活动的高潮。

1964 年 8 月，你和全班战友根据上级的命令调入济南军区警卫营，你担任了四连一排三班副班长。

某部四连是一个钢铁连队。这个连在抗美援朝中是一个敢打硬拼的英雄连队，指导员秦国凤是抗美援朝时期的老战士，带兵严，要求高，作风过得硬。

而这个连却分布很散，连部在济南近郊，几个排却分别在济阳、黄河孤岛执行生产任务。为了减轻国家负担，军区号召部队建立自己的生产基地，自力更生，种菜、种粮、养猪、喂鸡，解决生活问题。每年秋收结束后，全连才能集合到济南近郊的连部，进行冬季军事训练。

几年的后勤兵生活，很少进行军事训练，你们的三班在射击、投弹等技术上总赶不上其他班。

那时你是全连体质较弱的一个，别人投弹 50 米，你却是 30 多米。你不服气，你苦练，你拼命。你说：一个人的成绩上不去，影响全班，一个班的成绩上不去影响全排，影响全连。我们三班要迎头赶上。

这个连部没有训练场地，北面是一家工厂，南边便是小清河，只有一段废弃的河堤可做临时掷弹场地，但投弹稍一偏斜，便会落在水中。冬天，小河结了薄冰，手榴弹掷到水里，还要下水捞上来。

寒风凛冽的黎明，你不等起床号吹响便悄悄地爬起来，提上一兜手榴弹，跑到河堤上。

你高高举起一颗手榴弹，猛力地摇着胳膊，拼尽力气投去。

一颗，两颗，三颗……五颗……十颗……

黄昏，你又是这样苦练。

胳膊肿了，肩膀肿了，手上磨出了泡，晚饭时，饭碗都端不起来。

手榴弹掷偏了，掉进冰水里，你鞋子一扒，裤腿一挽，便跳进冰水寻找，一个个摸上来。接着又是用力向远处掷去……

这年冬天年终测试，你终于及格了。

及格，难道是一个战士的最高要求么？

“不，我要达到优秀！”

你照样练，星期天，别人上街买些生活小用品，牙膏啦，肥皂啦，或者逛逛大街；你不去，你在这片空旷的河滩上继续练……

△ 参军时的孔繁森（前排右一）

第二年，你的投弹成绩终于达到了优秀。

你在射击比赛中又荣获优等射手的称号。

你酷爱读书，你的小笔记本上记下了许多英雄主人公的名言，然而让你终生难以忘记的是《钢铁是怎样炼成的》中那段著名的格言：

人最宝贵的是生命。生命属于人只有一次。人的一生应当这样度过：当回首往事的时候，他不会因为虚度年华而悔恨，也不会因为碌碌无为而羞愧；在临死的时候，他能够说："我的整个生命和全部精力，都已经献给了世界上最壮丽的事业——为人类的解放而斗争。"

你的小笔记本上还记着一句话，那是你的学习心得：钢铁+毅力=男子汉。

熔炉锻好钢

☆☆☆☆☆

1964年4月下旬。

遍地麦浪，齐刷刷的，一片丰收景象。

这是部队的另一片生产基地。劳动休息间指导员秦国凤喊道：

"小孔，你过来!"

"指导员，有事吗?"

秦指导员坐在田埂上，他前些时准假让你回家探亲，你是老战士，第一次回去探亲，当然很关心你家里情况。

"你回家看了看，你母亲身体怎么样?父亲也很好吧?家里生活怎么样?"

你低下头，两只手掐着一根草，不说话。

指导员莫名其妙，平时谈吐爽快的孔繁森咋"哑巴"了?

"指导员，我没回家……"

指导员愣了，瞪大眼睛：

“这半个月，你到哪里去了？我准你假回家探亲，你没回家，到哪里去了？”

“我、我去汶上县了……”

“啊？”指导员眉毛竖立起来，强忍着火气：“你到汶上县干什么去啦？”

“我那天在车站买票要回家，正遇汶上县的一位老大爷，家里很穷，又生病，病倒在车站上，我把他送回家，照料老人半个月……假期到了，我急着赶回来了。”

指导员火气消失，依然一脸严霜，口气很重：

“你无组织，无纪律，你做好事，应该表扬，但你为啥不告诉连队？万一出了事，我怎么交代，我要对你负责！你一向遵守纪律，年年被评上五好战士，我为你的进步高兴，你学雷锋，做好事，为人民服务，更无可责备，我怕你单独一人出去，万一有什么好歹，我咋向部队交代，咋向你父母交代？”

几句话，你的眼泪扑扑嗒嗒地掉下来。

指导员掏出手绢：“来，别抹鼻子啦，擦擦泪，干活吧！”

这是你入伍 7 年第一次挨了批评，也是唯一一次挨了批评。

这是 1967 年的冬天，你们单独在外面执行生产任务，连长、指导员都不在跟前，只有司务长李玉忠这个党支部委员。今天，班、排进行评比总结，这是 1967 年的冬天，也是复员前的最后一次年终总结，你又被全票通过，当上了“五好战士”。6 年，你 6 次评上“五好战士”。你要向支部反映，把自己的名字去掉。班里有一个后进战士，今年变化很大，如果评他为“五好战士”，岂不是更能调动他的积极性？

你要找李玉忠，让他替你说句话——走走他的“后门”。

“司务长，你是支委，请在支部开会时替我说一句话，把我的名字换成×××，他是个后进战士，评上‘五好战士’，对调动他的积极性更有利……”

你滔滔不绝地讲，你反复申明理由。

司务长却笑道：“你这种见荣誉就让的精神非常可嘉，但是‘五好战士’是民主评选，我虽然是支部委员，但不能不尊重民意，再说，你个人请求，支部也不会同意。”

你无可奈何。

窗外又飘起雪花，纷纷扬扬，在夜色里闪着光亮。

你踏着积雪，咯吱咯吱声一路响去。雪地上留下一个个清晰、坚实的足印。

润物无声三春雨

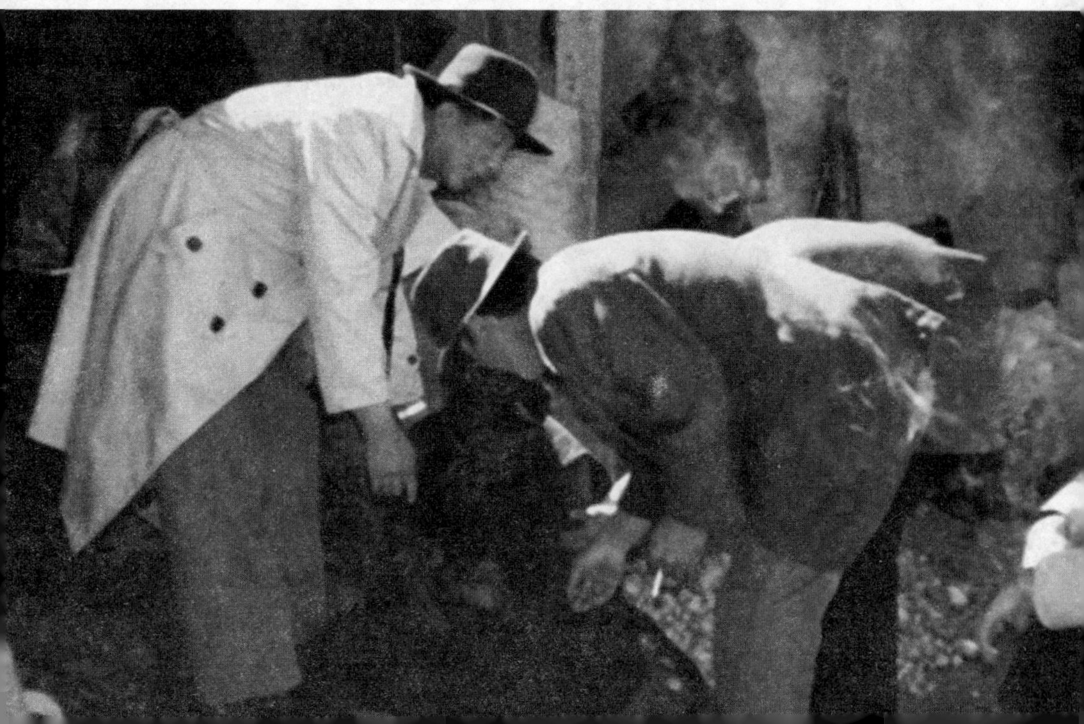

“怎么像个村支部书记？”

10月26日，孔繁森一行，从成都抵达拉萨。

贡嘎机场，当年离藏时，这里还是一个很小的军用机场，现已建成大型的空中航港。物非人也非，迎候他们的拉萨市府的同志，也大都是新人。

“我叫孔繁森！”

迎候他的同志上下打量他一番，简直不敢相信，他就是新上任的副市长，心里嘀咕道：“山东怎么派来一位村支部书记？”

这不能怪他们，单从装束上谁能相信他就是一个堂堂的副市长呢？

——一身价值不超过六七十元的西服，还是他在莘县担任县委副书记时做的，穿在身上已经三四年了，虽然来时由妻子刚刚熨洗过，但那种质料却掩饰不住一种寒伧。一条领带也是价格低廉的产品。脚上是一双半新不旧的布胶鞋，有一只还打着补丁。更令人注目的是那只人造革手提兜——是典型的70年代产品，边边角角上胶漆已经脱落，露出灰不溜丢的布丝，外革内麻的提手想必早已断裂，外面裹缝一层黑布，针脚又粗又大。

迎候的同志疑惑的目光逗留好一阵，才尴尬地笑笑，吆喝大家帮他们装卸行李。

事后那位同志跟他开玩笑道：“当初，我真误认为你是个村支部书记呢！”孔繁森笑道：“难道共产党的市长，还像大清朝的官员，顶戴花翎，有一套‘标志服’嘛？村支部书记和市长职务不同，宗旨一样，都是为老百姓办事的！”

孔繁森当官不像官，不仅在岗巴县留有美誉，在聊城地区更是人所共知。他担任莘县县委副书记时，常常骑着一辆“除了铃铛不响，其他零件都响”的破自行车，走村串乡，深入基层，田头一蹲，炕沿一坐，拿起镰刀能割麦，抄起木锨能扬场，头戴一顶破草帽，脚蹬一双旧胶鞋，风里雨里，泥里土里，和群众一起摸爬滚打，不管老百姓还是乡村干部从没把他当成县委书记。

更有一件让莘县县城老幼皆知、铭心不忘的事。那年冬天，孔繁森把乡下老母亲接到县里来住，且不说早晚给80多岁的老母亲洗脚、梳头、剪指甲、倒便盆，照顾得无微不至。有一次看电影，从宿舍到电影院足有一二里远，要一辆车送到影院，谁也不会有什么异议，可孔繁森却背着老母亲去看电影，一街人都看到了：这个孔书记真是个清官呀！

汽车载着他们一行15个援藏干部沿着崎岖的公路向拉萨市区驶去。

孔繁森一路上询问市里情况，又看到那些熟悉的土屋、帐篷，那堆在路旁的玛尼堆，飘在屋顶上的经幡，穿着藏袍的男女，一切都那么熟悉、亲切，心里涌起一股股热浪。

“拉萨，我回来了！”孔繁森激动得差一点叫出声来。

圣地——情有千千结

☆☆☆☆☆

拉萨，藏语，意为圣地。

每天早晨，藏族男女手持转经筒，围绕着古城帕阔街诵经。一年四季，无论风天雪地，都有来自四面八方的各地信徒前来朝圣。有的长跪而来，有的远至数百里乃至上千里，一步一个长头，花上大半年的时间才“跪”到拉萨，倾注他们对圣地和活佛的一片虔诚。

当历史进入20世纪的秋末，这座圣城已发生了天翻地覆的变化。成片的商肆酒馆鳞次栉比，机关、学校、医院楼房林立。这里不仅是佛教文化圣地，也是一座具有现代文明的旅游城市，历史在这里打开了新的篇章。

市府分工，由他分管文教、卫生、民政等工作。

他把简单的行李安顿在那间十几平方米的小屋，顾不得休息和整理房间，也顾不得高原反应带来的恶心头晕——虽然是第二次进藏，但事过7年，内地生活使他的生理机能已不适应高原环境——便走马赴任了。

第二天下午，他骑着自行车，由教育局转到卫生局，晚上又跑到民政局长家里。他心里像燃着一团火，为尽快地投入工作，及早熟悉各部门的情况。

他敲开教育局长家的大门。一番寒暄之后，便询问起全市教育发展状况，有多少学校，中学几所，小学几所，在校学生多少，在职教师多少，有多少民办教师，教师住房，工资待遇，近年来的升学率，适龄儿童入学率……简直像个统计局长，问得那么精细。

出了教育局长的门，又走进民政局长家的小院。与民政局女局长群旦谈起当前民政扶贫、扶孤等问题。

孔繁森在小笔记本上记录着，不时说："这个问题，我在市长办公会议上要讲一讲！""好，我去财政部门协商一下。"或者说："我明天去粮食局，给他们做做工作。"

也就在这天的日记上，他的笔记本上出现这样几句话：

"我等父母官，不为民解忧，何言公仆哉？"

"治政之要在于安民，安民之道在于察民疾苦。"

字写得很大，用力很重，有的字划破纸页。

走出群旦局长家，已经很晚了，他没有骑上自行车，而推着车子慢慢向市府走去。

回到宿舍，他辗转在床，难以成眠，起身披衣，点亮蜡烛，挥笔写道：

"我孔繁森今日进藏，既没带来财产，也没带来金钱，却有一颗赤诚的心，一团炽烈的情，一腔火热的爱，我要通过自己的工作和行动，把党的温暖和关怀送到每一个藏胞心中，证明我们共产党人是人民的公仆……"

教育上不去，我们就要受外国人的气

☆☆☆☆☆

孔繁森是位坐不住的官，他最讨厌那种“一杯茶、一盒烟，一张报纸看半天”的官僚作风。他喜欢一杆子插到底。他还给自己立下一条不成文的规矩，每年至少有半年时间到基层去。这次他带领教育局长下乡考察教育工作。从拉萨到尼木县只有200公里，走了足足10个小时，才走进县城。这时太阳已经落山，夜色已经笼罩了这个高原荒凉而简陋的小城镇。

当晚便召开了校长和教师座谈会。

会上，孔繁森开门见山，先来个“自报家门”：“老师们，我是山东来援藏的干部，组织上安排我分管文教，我是一个新兵，首先当好老师们的学生，然后当好老师们的后勤。咱们是一家人，不说两家话，大家有什么难处，来找我孔繁森，我一定办，一定解决老师们的后顾之忧。”

在坐的校长、教师甚感震惊，谁也未料想到，这位新任孔副市长如此谦逊、朴实，又如此坦率。一下子缩短了彼此的距离，气氛很快变得亲热融洽。孔繁森话未落音，几个年轻教师带头鼓起掌来。几个老教师也交头接耳，嘁嘁喳喳地称赞。

“老师们都很辛苦，为了咱们拉萨市教育事业的发展，都付出了很大代价，市委市府都非常感激你们。”孔繁森接着掏出笔记本，问起学校情况来。

座谈会一谈就是两三个小时。校长和教师从未见过这样的领导干部如此深入基层。他们见这新任孔副市长，待人亲切、热情，说真话，办实事，都感到振奋。大家掏心亮肺把学校情况、存在的困难、教师学生的思想状况以及教育改革的设想和建议滔滔不绝地讲出来。

孔繁森小笔记本上密密麻麻记了一页又一页。

11点多钟了。奔波一天的同行者都感到疲惫不堪，孔繁森却提议察看学生宿舍。

孔繁森打着手电筒挨屋察看，只见那些孩子们蜷缩在破旧的被窝里，有的两个学生一条破棉被，裹住脚，裹不住头，屋里没有取暖设备，脸盆里的水都结了冰。

“这怎么行呢？”孔繁森捏捏被角，薄薄的，不由得心里升起一股酸酸的滋味，心里道：人呀，都有父母、子女，要是自己的孩子受冻受苦，当父母的能不心疼么？他回头对张局长说：

“老张呀，咱们要想办法增拨教育经费，提高教师和学生的生活待遇，不能苦了孩子，不能苦了教育！”

张局长连连点头。

孔繁森又对校长说：“你们也写个材料，包括教师住房、学生伙食、衣被用品、教学设施、图书订购等等各方面的困难，写清楚，明天交给我。”

直到零点以后，他们才敲开县招待所的大门。

离开尼木县城，孔繁森又驱车向卡若乡奔去。他在县里听说这个乡制南村有一所仅有1名女教师6名学生的村办小学。这位教师的家境十分贫寒，有4个孩子无人照管，但这位女教师不顾家境困难，每天要跑两三里山路坚持到校上课。他很受感动，在乡里买了些礼品，要去看望这位教师和她的学生。

从乡里到制南村小学要翻过一座海拔4000多米的高山，随从的人再三劝他不要去，车子也过不去，别说县里人，就是区里人也很少去过。

孔繁森笑道：“怪啦！这位教师能在海拔4000多米的高原上教书，我怎么不能看望她一下呢！”

车子开到山脚下，已无路可走了。

“回去吧，孔市长！”

“哪有打退堂鼓的？车爬不上还有双腿呢！腿不够用还有两只手呢！”孔繁森说着手脚并用，抓着石棱向山上爬去。

爬了不到五分钟，他的体力已感到不支了，脸色变得青灰，嘴唇发紫，本来就严重缺氧，又要消耗巨大的体力，谁能受得了？

“下来吧，孔市长，不行！”人们喊道。

孔繁森小憩片刻，心想，我是个分管教育的副市长，我们的教师在这样艰苦的条件下，一年到头，不声不响，默默地传播着知识和文化，我怎能连这一点困难不能克服呢？上！他咬紧牙关，鼓起勇气，向上攀登。一脚蹬空，他被摔了下来，一阵晕眩，只觉天旋地转……

也不知过了多长时间，滑倒几次，足足用了大半天时间，总算翻过这座高山，终于来到制南村。

破旧的土屋，破烂的帐篷，荒凉的山野，干旱的草场。学校教室也是一间十分寒伧的小土屋，连个窗子也没有，屋子里光线很暗，唯一闪着亮光的是孩子们的眼睛。几个土台垒的桌凳，有6个衣着破烂的小学生坐在土凳子上，一位40多岁的藏族女子正在上课。一块木制的早已发白的“黑板”上用粉笔写着一行行藏文。

对于这位不速之客，女教师和学生都十分惊讶。这位40多岁的藏族女子多年来默默地在这片穷乡僻壤耕耘，很少有人来过问她，更没想到市长会爬山涉水来看望她，一时感动得热泪盈眶，嗫嚅着用汉藏夹杂的话语说道：

“孔市长，吐吉切，吐吉切！”

孔繁森却十分亲切地说：“阿佳拉（大姐），我首先感谢你，我代表市府感谢你，你为党的教育事业作出了很大贡献！”看到女教师穿着单薄破旧，又感到很抱歉，“来得仓促，也没有给你带来什么礼品，只给学生们买了些铅笔、笔记本，你分给他们吧！”女教师又是连声说道：“吐吉切，吐吉切！”接过铅笔和笔记本一一分给孩子们。

这里偏僻闭塞，除了课本，孩子们不知道还有什么书，他们没见过汽车，也看不到电视，他们不知道外面的世界。但孩子们都很可爱，一双双渴求知识的眼睛，流盼着好奇的光波。孔繁森掏出照相机，与女教师和她的学生照了几张照片。

女教师说：“这都是牧民的孩子，家里很苦，上学很不易，可是他们学习很用功。”她指着一个头发蓬乱的小男孩，说：“他叫达娃丹巴，父亲去世了，母亲带着他们兄弟三个，两个哥哥放羊，只有他自己读书，去年全乡统考得了第三名。”

孔繁森拉过达娃丹巴，揽到怀里抚摸着他的头，亲切地说：“好孩子，要争口气，学好本领，将来为国家做一番事业。”

翻译把话译过去，达娃丹巴扑闪着两只大眼睛，望着这位“大本布拉”，很懂事地点点头。

孔繁森又问女教师："你的孩子呢？谁来照管？"

女教师道："大的在乡小学念书，小的由她姥姥照看，有时也带来，坐在教室里，或是在外面玩耍。"

孔繁森又询问女教师的经济收入，女教师作了回答。他沉思一阵："待遇太低了！我们教师的待遇太低了！"他的声音有点激动，"要改善办学条件，改善老师和学生的待遇。"接着对随他而来的乡长说："能不能先从乡财政里补贴点？"

乡长说："我们想办法吧！"

临别时，孔繁森握着女教师的手，鼓励道："一个人只有乐于奉献，生命才有价值。回去，我要让报社、电视台的记者下来采访，把你的事迹宣传出去！"

一番艰苦的调研工作结束了，孔繁森彻夜难眠，他向市府起草一份拉萨教育状况调查报告：

……

一、切实加强中、小学教学工作。拉萨市特别是市辖县基础教育薄弱，师资缺口还较大，在人力、物力、财力等方面应加大基础教育投资，同时抓紧解决一批民办教师的转正问题，这样既解决群众的负担，又能调动教师的积极性；二、抓紧教材的编译工作。有时开学了，学生尚不能及时得到课本；三、调整、改革中小学体制和内部发展结构，逐步建立一个比较完整、比较适合于拉萨实际的教育体系；四、改善教师住房，提高教师待遇。目前拉萨市所辖的6个县，还有数百名教师住房尚未达到国家规定的标准，有不少教师生活困难，住房十分简陋；五、必须建立和健全各县区教育行政机构，进一步加强和充实行政领导，进一步完善教育领导管理体制；六、增加学校建设投资，目前学生入学率不足40%，八五规划期间力争达到80%以上，做到村村有小学，县县有中学……

屋里冷气袭人，孔繁森手脚冻得麻木了，他哈口气，又继续写下去……

爱，是第二颗太阳

拉萨市最忙的人

在市府办公大楼后面有一幢二层小楼，青砖灰瓦，陈旧简陋，那是50年代市府草创时期的处女作。孔繁森的居室就在小楼二层上，不足16平方米，一分为二，里间是卧室兼办公室：一张木板双人床，一张三屉桌，一只小书架，床头还摞着两个纸箱；外间是“会客厅”兼“餐厅”，一张半月形的小桌，不知是哪个年代的产品，桌两旁是两把椅子，另外靠西墙有一长条板凳，还有一张简易小橱，里面存放茶具什物。没有冰箱，没有洗衣机，没有沙发，而那间只有2平方米的小厨房更为可怜，一只煤气罐，两口小锅，再就是屋角堆着一些蔫柔的土豆、胡萝卜和几棵大葱。

引人注目的是“会客厅”的墙壁上挂着一帧条幅:“同呼吸，共命运，心连心。”这是迟浩田将军那年随同江泽民总书记来西藏视察工作时，书赠孔繁森的。

然而这简朴的住室，却像童话中的小房子，具有巨大的魔力、魅力和吸引力，常常是宾客盈门。且不说山东援藏干部和进藏干部、职工，就是河南、河北、江苏、安徽、陕西、甘肃、四川等外省市的援藏干部、部队指战员也都常来这小屋，把孔繁森当成贴心人、主心骨，把这儿当成他们的家。有话愿跟他谈，有事愿求他拿主意。

在内地工作时就有“拼命三郎”之称的孔繁森，来到拉萨后干起工作来更是不要命。市府在位领导比较少，他先是分管文教、卫生、民政，现在又将公安、外经、外贸等工作压在他的肩头上。且不说数不清的会议、文件、报告，就是与干部谈话，协调各方面关系，迎来送往也要花费不少精力，而且要拿出大量时间和精力去基层调查研究，进行现场办公。他从来不挤占下乡深入基层的时间，在基层期间机关积累的公务，只有回来加班加点昼夜不分地赶做、弥补。常常一天到晚忙得手脚不沾地，夜深人静，整个大院一片漆黑（拉萨电力不足，晚上常常停电），只有他的小屋还亮着烛光。烛火如豆，他戴上花镜（40 多岁的他眼睛已开始花了），批阅公文，撰写报告，常常通宵达旦。

他性情温厚，待人真诚，心肠如火，人们找他办事，有求必应，应了就办，这更使他忙上加忙。只要他一回机关，那间小屋便早晚来客缤纷，敲门声、电话铃声频频不断。饭前饭后更是紧张繁忙的时候。有时刚打开炉子，米还未下锅，来人了。常常不是忘了下米，就是忘了看锅。煮米饭，米饭烧成锅巴；下面条，面条成了浆糊。

他与人谈话，嘴里常常是含着饭粒子。人走了，才端起饭碗，还未扒几口，又来了人，又得放下碗筷……

古人有"一沐三握发"之说，孔繁森却是"一饭三停箸"。时间，对他来说太重要了！他像一部开足马达的机器，日夜不停地运转。

1989 年的秋天，妻子和女儿从鲁西平原一路辗转来到高原拉萨。两个星期过去了，孔繁森不是忙着开会就是下乡深入基层，把她们母女俩扔在家里，没有时间关照。这天，他忽然对妻子说："明天是星期天，我陪你娘俩逛逛拉萨，嘿嘿，我还许过你的愿呢，这次一定兑现！"

妻子和女儿都非常高兴。

第二天一早，母女俩着意打扮梳洗了一番，准备享受一天的天伦之乐。谁知孔繁森又"变卦"了，他打电话找来在市保险公司工作的老乡杨书春。

"书春，我原打算陪你嫂子和侄女玩一天，今天又有事了，你能不能陪你嫂子转一转？墨竹工卡子贡乡的两个孤寡老人，我前些时下乡答应过两位老人这个星期天去看望他们。"

"你呀，太死心眼了！我当啥大不了的事呢！"

"不行！"孔繁森脸色一绷，"咱说到就要做到，不然就失信于民啊！"说到这里他思忖片刻，望望妻子和女儿，忽然诡谲地一眨眼睛："嘿，你看，我倒忘了，庆芝，你好不容易来一趟，不到牧区看一看，还算不上到了西藏。书春，你会开车，弄辆吉普来，带着你嫂子、侄女，咱们一块去墨竹工卡，一路风光，让她们开开眼界！"说完又幽默地笑起来："这不是两全其美呀！"

孔繁森立即到商店买了一大包点心、饼干、罐头、水果，另外还有一斤花糖，携妻带女一路向墨竹工卡县驶去。

两个小时后，他敲开了一对孤寡老人的门。

“波拉，姆拉，我看望您老人家来了！”

两位 70 多岁的孤寡老人颤颤巍巍地迎出来，拉着孔繁森的手，激动得老泪纵横。

“我说孔市长要来，孔市长要来，这不来了！”老人擦着眼泪连声哽咽道。

孔繁森把点心水果交给老人，这时又围上一群孩子，孔繁森将糖果一一分给孩子们。他看到两位老人衣服单薄又破烂，波拉赤着脚，连双袜子都没有，心里顿时涌起一股酸浪，先脱下自己的褂子，又脱下脚上的袜子交给老人，转过身来，对妻子说道：“庆芝，把你这件褂子也脱给姆拉吧，你这件颜色太老，不赶‘时髦’了，回去后，我给你买件好的！”孔繁森倒很会“做工作”。王庆芝苦笑道：“你二十几年就给俺买过一件羊毛衫，说是花了 100 元，高兴得俺没法，谁知后来一打听是 18 元的处理品！”“老底”揭穿了，孔繁森只是嘿嘿地笑。

王庆芝也是心地慈善的人，经不起丈夫两句好话，当着众人脱下外套，只穿着一件半新不旧的腈纶衫上了汽车。

又是一个星期天。庆芝和女儿心想：这次该兑现了吧，来了三个星期了，还没领着俺逛逛布达拉宫呢！可是星期天一起床，孔繁森便和妻子一块剁肉、剁菜包大包子，一连包了两锅，又让妻子蒸了一锅馒头。

孔繁森从锅里拿起一个包子，很烫，他从这手倒那手，噗噗地吹着热气，接着咬了一口：“嗬，真香哩！”三口两口一个包子进肚了。他正想拿起第二个，忽然愣住了，脑子里一闪，出现了敬老院那些衣服褴褛的老波拉、老姆拉们……

“哦，庆芝，今天，我领你们娘俩串串门去。”

“这里还有啥亲戚吗？”

“亲戚有的是，今儿个咱就走一趟亲戚。”孔繁森素来幽默，口气却挺认真。

“啥亲戚，俺咋没听说过？”

“嘿嘿，去了你就知道了。”

孔繁森借了三辆自行车，妻子和女儿各一辆，他自己骑一辆，车把、车后座上的大包小篮里装满了包子和馒头，向市区外二十多里处的堆龙德庆敬老院奔去……

赶到敬老院时，包子和馒头还热乎乎的呢！

老人们吃着孔市长送来的三鲜馅的大包子和暄腾腾的热馒头，激动得不知说啥好，一个个泪花闪闪。

孔繁森又拿起照相机，让妻子女儿和这些老人合影留念。

直到妻子和女儿离开拉萨，他竟然忙得没有抽出空陪她们逛逛帕阔街，甚至没有去机场送行。

难忘的中秋节之夜

☆☆☆☆☆

1989 年中秋节前夕。

孔繁森在日喀则开完会,并未急着回拉萨,他对司机说:“明天，咱们去趟岗巴县。”司机说：“去岗巴干吗? 你又不分管岗巴的工作！”“我走趟亲戚，那儿是我第二故乡，我忘不了那里的亲人哩，是那里的父老乡亲给了我第二条生命哩!”

岗巴县离日喀则市有 200 多公里，是日喀则地区最穷的一个县，海拔在 4700 米以上，它紧靠着尼泊尔、不丹、锡金，是个边境县。

1979 年，孔繁森第一次援藏，按组织部的通知，他担任日喀则地委宣传部副部长，当他来到日喀则报到时，地委组织部负责同志一见这位身强力壮的山东汉子，脑子里顿时出现了一个新的想法：岗巴县正缺一名县委副书记，而且历来往岗巴县派干部都是让组织部最感头疼的事。那里太穷了，条件太差了！把这位山东汉子派往岗巴县，不知他同意不。

“行，我去！”地委组织部负责同志话未落音，孔繁森便一挺厚实的胸脯，脱口答道。没有怨言，没有豪言壮语，没有信誓旦旦，似乎也未假思索。

孔繁森的行李卷尚未解开，第二天便乘车驶向岗巴。

三年来，孔繁森走遍岗巴县山山水水，4700 米高原的乡乡村村，他转了个遍。牧区缺医少药，他托人从内地购买了上千元的药品，又买了一只小药箱，走村串户，凭着自己当兵在济南军区 90 医院耳闻目睹学到的一点医学知识，给老百姓打针、号脉、敷药。倒也治好了许多牧民的常见病、多发病，牧民们亲切地称他“康木机（医生）书记”。

去牧区没有道路，重重叠叠的高山，纵横交错的沟壑，车开不过去，骑马也难行走。那年，孔繁森到一个牧村，山高路险，刚刚学会骑马的他不顾人们的劝阻，硬要看山那边的牧民，结果被摔下马来。人滚到深沟，当场昏迷过去了。

当他苏醒过来，已躺在县医院病床上。屋里屋外走廊过道都挤满看望他的藏胞们。那些衣服褴褛的牧民们手捧哈达，提着酥油茶、奶酪站在床头，有几位老人哭得眼圈都肿了。当他知道是几个牧民发现了他昏迷在山沟里，背起他，连夜送到医院时，孔繁森顿时泪涌如泉：

“吐吉切，吐吉切！是乡亲们救了我！”

当他援藏期满调往内地时，远远近近的藏胞，成群结队地赶到县城，为他送行，一条条洁白的哈达，一杯杯醇香的青稞酒，伴着一声声热乎乎的呼唤：

“孔书记，你再来啊，俺岗巴人想您啊！”

十年过去了，这话仍然响在耳边。在故乡的平原上，在机关里，他一次次写信，给岗巴县委，给苍龙村老支书，问那里经济发展情况，问牧民的生活状况，问苍龙村的小尼玛上中学没有，问班典结婚没有，问 80 多岁的波旺堆老人还健在不，问桑吉老姆拉病好了吗……山山水水都问遍，草草木木都挂心哪!

黄昏，他来到苍龙村，村民们见老书记回来了，小小牧村沸腾起来，把孔繁森围得里三层外三层。一位老姆拉一手拽着孔繁森的胳膊，一手颤颤抖抖抚摸着他的胸脯，就像看到亲人似的，眼泪汪汪地说：“孔书记，扎西德勒（吉祥如意）！”

“姆拉，扎西德勒! 扎西德勒! ”

孔繁森让老支书格热陪着，挨家挨户走个遍，看看牛羊肥不肥，房子翻盖了没有，走进屋里，瞅瞅被褥新不新，面缸满不满。他记得离开苍龙村时，他为一位老人打过针，看过病，回山东后，还给老人寄过药。

“嘉措老人还在吗？”

老支书说：“不在了，去年春上去世的，老人死前还念叨您呢！”

孔繁森听罢，一阵凄然。

接着，他又看望了 80 多岁的波旺堆老人，老态龙钟的波旺堆，眼睛已不好使了，好半天才认出是孔书记。哆哆嗦嗦地伸出双手，抓住孔繁森的胳膊：“啊，啊，孔书记……”眼泪接着涌流出来。十年前，他给老人看过病，送过

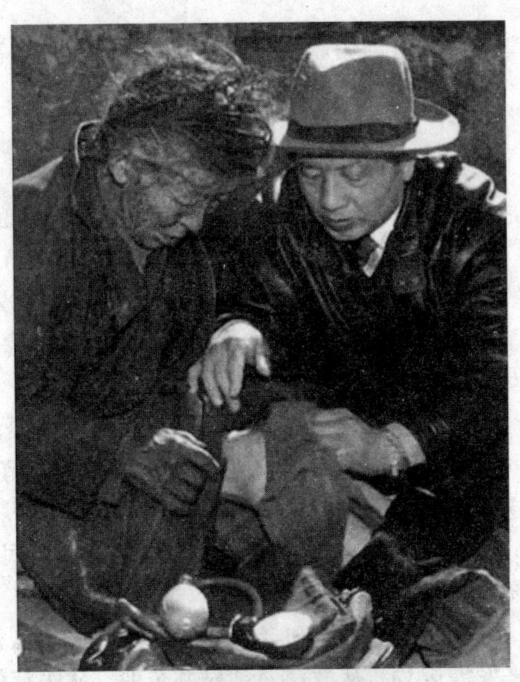

△ 和藏族老人在一起

奶粉和白糖，老人还健在，还能捻牦牛线编绳，还能干拍牛粪饼一类家务活。

孔繁森脸上露出欣喜的笑容，抓着波旺堆老人的双手，轻轻摇着："阿爸拉，祝你健康长寿！"

一家一家走过。

一户一户看过。

晚宴开始了。老支书门外的坝子上点起了篝火，姑娘、小伙子、老人、孩子围了一圈，大家坐在草地上，吃着孔繁森带来的月饼，听他讲述内地改革开放带来的新变化，畅叙别情离绪，接着是歌舞欢娱。

一位老人怀抱着装满青稞、插着青稞穗的切玛盒——五谷斗，另一只手摇着缠了彩绸的名叫"达达"的彩箭——这些都是吉祥之物。孔繁森不仅粗通藏语，会唱藏歌，跳藏舞，更懂得藏族风俗。他用拇指和无名指蘸着青稞酒，每蘸一次，弹一下，连续三次，以示敬天上人间地下诸神，口中还诵着祝词：

扎西德勒平松措，
阿姆巴珠贡够桑，
坦达达娃涂巴笑，
顿桑达竹茶茹茹。

那意思是：吉祥如意，兴旺发达，身体健康，永世安乐！

接着便和年轻人跳起“果谐”舞。自然，孔繁森成了舞蹈的中心，他跳得那么欢畅、热烈，情感那么投入。

老书记的到来，更使人们欢乐激动，像盛大的节日，男女老少都跳了起来。

动人的歌声，优美的舞蹈，热情的话语，使他感到藏族同胞对自己寄托多少厚望，又有几许深情厚谊，心里更加热爱这雪山草原。

一个人只有把自己那颗炽热的心献给人民时，他生活才能充实，精神才会富有。

夜阑人静，他和老支书格热聊起来。从村里现状谈到未来发展规划，从教育谈到村办企业，从医疗保健谈到创办敬老院……直到凌晨4点，老支书才回到自己房里睡去。孔繁森却睡不着，怕早晨离别时惊动乡亲，备礼相送，便悄悄爬起来，写了一份苍龙村发展规划方案，留给老支书。写毕，便唤醒熟睡的司机，悄悄地离开苍龙村。这时曙色还未浸透山野。

“市长康木机呀咕嘟！”

有一天，孔繁森又找来民政局长群旦，问道：

“全市有多少孤寡老人？多少孤儿和残疾人？”

民政局长沉思半天，没有回答出具体数字。

孔繁森眉额微微一蹙，沉吟道：“唉，这些老人生活不易呀，受了半辈子苦，我们要多关心他们，哦，明天，我去敬老院看一看……”

他买好饼干、点心、糖果和一大桶酥油。司机问道：“你买这么多东西干啥？那里有老乡亲戚么？”

“是呀，比亲戚还要亲哪！”孔繁森笑笑，不再说话。

熟悉孔繁森的人知道，他每次下乡无论是察看学校，还是深入牧区帐篷，除了买些礼品，还带着一只小药箱。西藏不少地区缺医少药，条件极其落后。在岗巴县工作时，他背着药箱，给牧民们诊脉打针，人们称他“药箱书记”。而拉萨市牧区的藏胞却亲切喊他“市长康木机（医生）呀咕嘟（好）”。不到四个月的时间，他不仅跑遍了拉萨市7个县区的中小学，55个敬老院，他走访了48个。

通往堆龙德庆的路途并不远，只有20多公里，可是出了拉萨市，柏油马路变成了沙石路，路面坑坑凹凹，好一阵才来到县城。

孔繁森来到敬老院，挨门挨户走进一个个孤寡老人屋里：

“波拉，姆拉，我看望你们老人家来啦！”

司机是个藏族青年，向老人翻译道：“这是孔市长来看望大家。”这些当年的农奴们，曾经挨过王爷的皮鞭，坐过头人的土牢，曾因交不够青稞租子，被吊在树上，何曾见过这样的官？他们不懂什么叫“市长”，市长就是“大本布拉”（大官）吗？怎么来看我们？

几个老姆拉听说来了“头人”，也从屋里走出来，把孔繁森围了起来。孔繁森把带来的点心、饼干、水果一份一份地分给老人。然后又一一给他们诊病。

听诊器在老人瘦骨嶙峋、粗糙、黝黑的胸脯上轻轻地滑来滑去，他听到了一颗颗心脏扑扑的跳动声，贴得那么近，听得那么真切……

他挨屋察看。

当他推开旺姆老人的门，只听屋里传来一阵咳嗽声，他急忙跨进房间一看，躺在卡垫床上的旺姆老人上气不接下气地咳嗽不止。一检查，发现肺部有感染症状，心脏也不好，忙从药箱里取出消炎药、止咳药，从暖水瓶里倒出一杯水，一粒药片一粒药片地喂进老人嘴里。然后把老人扶起来，靠在被子上。老人说：“腰疼！”孔繁森问道：“多长时间了？”旺姆说：“好些年了，老毛病了！”孔繁森一阵心酸，眼睛湿润了：“这么多病怎么不去医院看一看？”在旁的敬老院负责同志说：“没钱。”

“再缺钱也得看病啊！”孔繁森忍住火，心想，回到县里一定指示县府领导，增拨敬老院的经费，保障卫生医疗。他翻遍药箱没找到治疗心脏病的药品，只好把消炎药、止咳药全部留下，回到拉萨后再给老人送来医治心脏病的药物。

“姆拉，我过几天再来看您！”孔繁森离开旺姆老人的小屋，旺姆伸出瘦骨嶙峋的胳膊，连声说道：“菩萨，活菩萨！唵嘛呢叭咪吽……”竟然嘟念起六字真言来。

“姆拉，我不是菩萨，是共产党派来的干部！”司机将话翻译给老人，旺姆热泪满面：“共产党呀咕嘟，孔市长呀咕嘟！”

离开旺姆老人，又走进穷宗老人的小屋。穷宗是个哑巴，已经 70 多岁了，上身穿着一件破旧的绒衣，用一床被子包着脚正坐在床上。孔繁森坐在床边：“姆拉，你好吗？”翻译用手势比划着学给穷宗，说是“市里大本布拉来看望您”。穷宗十分感动，急忙下床穿鞋，孔繁森弯腰帮助找鞋，这时才发现老人的鞋是一双没有鞋后跟的破胶鞋，心里咯噔一下，这鞋怎么能穿呢？再看看老人的双脚已冻得像个面包，一片红肿，怪不得老人用被子包着脚呢？这怎么能过得了冬？

他急忙点火烧水，给老人洗脚，一遍又一遍，洗罢又给老人的脚趾涂上冻疮膏，用布包好，又扶老人上床，一边用手绢擦着泪，一边安慰老人。

回到拉萨的第二天，孔繁森便将妻子从万里之外给自己捎来的唯一一双棉鞋命公务员小徐给穷宗老人送去。

“给老人送去你怎么过冬？”公务员不愿去送，“让敬老院给老人弄双鞋得了！”

孔繁森深知敬老院的难处，他发火了：

“我是人民的市长，能看着他们受苦不管吗？敬老院如果没有困难不早解决了？不要多嘴，马上送去！”

穷宗老人接过这双新棉鞋，工作人员用手势比划着是市里那位“大本布拉”送来的，穷宗连连点头，伸出大拇指，“啊啊”地称赞。

不思量　自断肠

生命出现断章

1989 年 11 月的一天，下午。

一辆救护车从贡嘎县人民医院急速驶出来，直奔拉萨。

司机谨慎而焦急地加快车速。

救护车上，孔繁森生命已处于危急状态。上午驱车下乡检查工作，途中被拖拉机撞翻。严重的车祸使他受到重伤，颅底骨折，鼻、眼、嘴大量出血，不到一小时吐血七次。

自治区热地书记接到电话，立即下达命令；“不惜代价，全力以赴抢救！”

拉萨市市长洛桑顿珠听到消息，亲赴拉萨市人民医院：“立即组织精干的专家、医生，会诊抢救！”

市人民医院上下一片忙乱，一支精干的医疗队伍由业务院长挂帅，立即投入了抢救工作。

输液，输血，输氧，包扎……病房里，医生们经过七八个小时的紧急抢救，血总算止住了，但人仍在昏迷之中。

又是输液，输血，输氧……

……

直到第 13 天，他的意识才开始复苏。

这位铮铮的山东汉子凭着顽强的意志，从死神的胳膊下挣脱出来。

又过了十多天。

孔繁森生命已脱离险期，但因伤势过重，疗效很慢。市人民医院连夜召集专家会诊，结论是：这里医疗设备和条件较差，必须迅速转到内地大医院继续治疗。

这天早晨，孔繁森被送回拉萨市府他居住的小屋。

他在小屋里稍稍休息了一会儿，便向办公楼摇摇晃晃走去。他发着高烧，双腿像踩在棉花垛上，头也疼得像针扎，但意识还在活跃着。他想起那份教育考察报告还未写完，他必须在离开拉萨之前写好，交给教育局，由他们修改后转交市府其他领导。

他终于爬到办公楼上。

他一手捂着疼痛难忍的右眼，一手续写那份未写完的调查报告。连续几个月，他走遍全市 7 个县区所有的中学、小学，接触了 600 多名教师，数千名学生，召开了数十次座谈会。教师的思想状况、住房问题，学生生活待遇问题，民办教师的困难，教育发展方向……还有，必须抓好适龄儿童入学率的提高。为此，还要增设和完备几处中小学，等等，他要向市委、市府反映，引起重视。

公务员小徐走进屋来，惊叫道：

"孔市长，你还写什么？不行……你马上回去休息！"

孔繁森咧咧嘴笑道："教育存在的问题很多，不能及时解决，我回内地治疗也放心不下。你等一会儿，我把这个材料写完，你交

△ 孔繁森在拉萨

给教育局让他们参考，重新写个报告，交给市长……”公务员含着泪接过材料。

孔繁森又叮嘱了几件校舍、教师、学生和孤寡老人的事情。

下午孔繁森仍高烧未退，他吃罢退烧药片，戴上一副墨镜骑上自行车又去了拉萨市第一完小。出了完小，他又去市外贸公司，商量一批土特产出口问题，直到黄昏才赶回来。

市长洛桑顿珠找到孔繁森，严肃而亲切地说道："老孔，你必须马上回内地治疗，从现在开始，我'剥夺'你一切工作权利！"

民政局的同志来看望他："孔市长，你赶快回内地养伤，你放心，工作我们一定做好。"

教育局的同志来看望他："孔市长，你走后不要挂念家里，我们会按照市府的部署和您的指示，搞好教育改革的……"

卫生局长来看望他："孔市长，墨竹工卡的打井搬迁工作已铺展开来……您放心去内地吧！"

办公室的同志含着泪说道："孔市长，飞机票已买好，明天10点钟的班机，我们帮您收拾一下东西……"

当飞机徐徐降落在济南西郊军用机场时，山东省委组织部派去的车子已等候多时了。

孔繁森见到故乡亲人，心里涌起一阵阵热浪，强忍着泪花："我没事，受了点小伤，现在好多了。"

然而这次车祸却给他留下终生残疾——虽然颅底骨折得到较好的恢复，但右眼视力衰退，出现重影，眼角歪斜。孔繁森却认为是微不足道的小事故，他常常把小伤小病不放在心上。他总觉得他的生命再生能力很强，就像家乡根扎大地的白杨树，一场风雪，断枝折桠，寒冬一过，又是一树蓬勃的春天！

他的朋友来看望他，他便捂着左眼，用手指着眼圈青紫、眼白血红的右眼说："你看，就这点小毛病，不影响视力，不信，我用这只伤眼，拔你头上一根白发给你看……"说着做出架势，逗得在场的人都苦涩地笑了，他自己却笑得很爽朗。

道是无情却有情

☆☆☆☆☆

就在孔繁森住院期间，他的妻子王庆芝也因肝炎住进了济南传染病医院。孔繁森不顾自己尚未痊愈，就悄悄留下住院费来了个不辞而别。出院后，孔繁森到附近的农贸市场买了一只老母鸡，回到他的朋友庞守义家里，说："庆芝身子太缺乏营养啦，给她补补身子吧！"庞守义夫妇要帮他，他胳膊一挡，说："你们不要插手，我自己做……我欠她的太多了，不然，我心里不好受。"他把外衣一扒，将袖子一挽，又是烫鸡，又是摘洗，忙活大半天，炖了满满一小钢精锅鸡肉，送到医院。

妻子王庆芝躺在床上，刚刚输完液，见丈夫走进来，又惊又喜。她抬起头要坐起来，孔繁森紧走几步，放下钢精锅，伏下身，扶着妻子倚靠在被卷上。

他坐在床头，将鸡块夹在饭盒里，又一口口喂妻子。她吃着饭，却感到有咸咸的液体，在嘴里拌和着，腥腥的，涩涩的。孔繁森也忍不住心头的酸涩，他要在离别前这一天尽可能多地照顾妻子，但又不好马上告诉她，要回拉萨。

"你那半个脸还乌黑麻青，咋离开医院了？"妻子问。

"我好了，没事了。"孔繁森强作笑颜，说道："医院里的味儿我闻不惯……你要好好养病，太劳累，又营养差，往往要患肝炎。你要保重哩！"孔繁森安慰着妻子。

待王庆芝吃完饭，孔繁森思忖一阵，才说道："庆芝，你别埋怨我，我、我要回拉萨……"

"啊！"妻子像被蜇了一下，惊叫道，"你这就要走？你不等俺病好了，也不去家里看看……"她话未说完，眼泪刷刷地涌流出来。

“咳，你别哭，别哭……那里工作太忙，离不开我……”孔繁森想给妻子解释，可觉得一切话语都苍白无力。他理解妻子，他相信妻子也理解他。他无声地伫立在床头，默默地望着妻子。

王庆芝停止抽泣，她强忍着满腹的泪水，好一阵不说话，只是久久地望着他，仿佛要将那象征岁月的银丝一根根数清，也仿佛想通过那眼角上一条条皱纹来阅读离别的历程。望着望着，朦胧的泪眼里化出一串串往事的叠影：

——他何时照管过这个家呢？生小女儿玲玲时，已担任地委宣传部副部长的丈夫正带领着工作组在高唐县赵寨子公社“学大寨”。按规定工作队员每个月有5天休假，她盼望着丈夫归来，焦虑地等待着，一个黄昏又一个黄昏，她都失望了。月子里的第三天，她便下床，扶着床帮和墙根去做饭了……那个冬天他就是在农村度过的，待他回来时，女儿都会咧着小嘴笑了。

——也是那年冬天，老姐姐捎回几次信，说20岁的外甥失足落进野外水井里淹死了，让他回去，安慰一下姐姐痛苦的心灵。他的同事杨光月也劝他立即赶回家去，可是他却对光月说：“这事你知道就行了，不要吱声，外甥死了，我很悲痛，这里工作很忙，眼下正搞冬季农田基本建设，我脱不开身呀，写封信安慰一下老姐姐吧！”

——又一年的夏天，丈夫带着工作组在茌平县场官屯搞“三夏”，工作组规定半个月可回家一次，可他整整105天没回一趟家。整整一个夏天，他都和社员们风里雨里、泥里水里滚爬在一起。这中间工作组的同志多次劝他回家看看，还有的同志把他的住房门锁上，逼他回家，他却笑着说：“你不让我进屋，我到社员家里去住，那才完全彻底地‘三同’了呢！”说罢，他扛起锄头乐呵呵地下地去了……

——还有一年春节，那时他刚从西藏岗巴县调回家乡，担任莘县县委副书记，腊月三十了，县委书记老阎“勒令”他回家过春节，谁知他上午骑着自行车回到老家五里墩（那时妻子已调到聊城），看望了一下老母亲，下午便骑着自行车，冒着老北风赶回莘县，和节日不得休假的门卫、炊事员、电话员等共同欢度除夕之夜……

——更让她难以忘记的是，那年他从上海出差回来，路过山东在家住了几天(他两次援藏都没休假一次，按规定援藏干部每年有三个月的探亲假)。有一天，妻子拿出6060元钱——这是多年来牙缝里挤，手头上省，给两个女儿买3角钱一瓶的雪花膏也掂量半天——这是多年的积蓄啊，和他商量，该买台电视机、电冰箱什么的，家家都进入了现代化，咱家还没迈出70年代的门槛。丈夫一看这么多钱，愣了一阵，口气忽然变得很沉重地说道："庆芝，有一件事，我不知该不该给你说……""啥事，你说吧!""我这次去上海出差丢了公款6000元，你说咋办?""唉呀，天哪，咋丢这么多!""是呀，……唉!"丈夫叹了口气，"咱是个副市长，如实反映也能解决，可咱不能让公家受损失……这样做不好!"……丈夫左说右说，她觉得也是不应让公家受损失，便将6000元交给了丈夫。

……过了好长时间，直到丈夫去世她才知道，丈夫并未丢钱，那6000元后来就渐渐化为那些孤寡老人的衣物、食品、药品……

记得那些年，她和孩子的户口还在农村，丈夫虽然是吃"皇粮"的，但工资很低，34.5元。她知道丈夫"乐善好施"，就这一点钱，他还拿出大部分照顾家庭困难的同事，周济他蹲点包队时和她一样、比她更苦的"向阳花"。有时弄得他连买饭菜票的钱都没有。一身洗得发白的破军装，补丁摞补丁，夏天当单衣穿，冬天当套裤穿，哪像个地委干部?还是副部长呢!有一年，她曾三次向丈夫要钱，结果只给了5角钱，这未免太"残酷"了，太"吝啬"了，太"不近人情"了!庆芝没有哭，没有闹，咬着牙，含着泪，回到村里，加倍地劳动。妇女能干的活她干，男劳力能干的活也要干，晚上出猪圈肥，她和男劳力一样，抡锨舞镢，一干就是半宿，还不是为了那不值2角钱的一个工么?她还忙里偷闲，养猪，养羊，养鸡，白天干活，休息时拔草拾柴，晚上月亮地里掐麦秸辫儿，卖个钱换来油盐酱醋;老母鸡下个蛋，自己不舍得吃，冲个鸡蛋花端给婆婆，煮个白水蛋剥开喂孩子。五冬六夏，春暖秋寒，她带着三个孩子，苦挣苦熬，走过泥泥水水，走过坑坑凹凹，跌倒了，爬起来，拍拍身上的土；摔伤了，自己敷点药，咬着牙，迈开步，朝前走……

繁重的劳动和沉重的家务，压在她的双肩，她总是一言不语，默默地支撑着。过度的劳累和营养的匮乏，使她患上多种慢性疾病。怕丈夫分心，她仍然一言不语，拖着病弱的躯体，送走漫长的岁月……

她和山东许多农村大嫂一样，她的人生观和价值观似乎来自两道源源不尽的山泉：一道是农村妇女任劳任怨、吃苦勤俭的本能，一道是对丈夫的爱和理解。

她坚信丈夫在外面所做的一切都是为老百姓的，是高尚的、美好的，她为丈夫的牺牲也是富有意义的。每当听到丈夫受到人们的称赞，她消瘦疲惫的脸颊上总是浮出一抹欣慰的笑意——这是对她唯一的报偿，这是她献出挚爱和深情的报偿……

“你走吧，我的病会好的……只是我不在你身边，冷哩热哩，你要照管好你自己……”说着，两颗晶莹的泪珠，从眼圈中滑出来，在苍白面颊上缓缓地滚动着。

一直强忍着泪花的孔繁森却再也忍不住，他泪如雨下，亲人的话语，给他带来温暖、慰藉，也带来鼓励。人啊，真奇怪，倘若妻子和他争吵一番，也许他不会落泪，妻子是那样温柔、体贴和理解，内心该忍受多大的痛苦啊！为了他，为了这个家，妻子付出多少难以让人承受的艰辛啊!

这一天，孔繁森亲手给妻子洗净衣服，洗净袜子。

这一天，孔繁森给妻子做了两顿饭……

第二天，他上火车前又跑进医院向妻子告别。他们两个默默相视一阵，很多话想说，要说，但都未说出来，似乎都怕引起对方的悲伤。

孔繁森呆呆地愣了10分钟，说了声:“我走吧！”一转身，他走了，走得很急，很仓皇，连头也未回。他把泪和爱都硬硬地吞噬到肚子里了。

血，永远浓于水

震灾就是命令

这是 1992 年的夏天。

孔繁森刚刚从办公楼下来，回到自己的小屋，正欲点火做饭，只听窗前一辆汽车“吱”地一声停下，接着门外传来“笃笃”的敲门声。孔繁森急忙放下手中的家什拉开门，只见尼木县县长格桑多吉满头大汗闯进来：

“孔市长，不好啦，尼木、墨竹工卡、当雄三个县十多个乡发生了强烈地震！”

“伤人没有？”孔繁森焦急地问道。

“不清楚，我在办事处（县府驻拉萨市）刚接到县里的紧急通知……”

“走，马上去灾区！”

“您还没吃饭呢？”

“再说吧，灾情就是命令！”说着抓起一包军用压缩饼干塞进口袋，又急忙抄起电话，要通民政局局长群旦家里，要她立即带人随他一同赶赴震区。

从拉萨市到尼木县有 100 多公里，全是沙石路，凸凹不平。

他们赶到尼木县已是晚上八九点钟。

孔繁森立即召开县委、县府紧急会议，部署抗灾。他要求连夜组织检查组到各受震区、乡、村察看灾情，首先保住农牧民生命的安全，迅速组织撤离。要求县委立即筹备抗震物资，及早送往灾区。

部署完毕，他又率领民政局长群旦等人亲赴重灾乡，察看灾情。

县里同志劝阻道："等雨停一停再走吧，再说还有余震，要出事的！"

孔繁森眉毛一竖："还等什么？怕自己出事，就不怕老百姓出事？"

说完，孔繁森跳上车，一声长鸣，汽车闯进风雨潇潇的山野。

风声、雨声、雷声，交织在一起，激荡着山野，震得人心发颤，头皮发麻。

又是一阵"轰隆"的巨响，声音拖得很长，低沉，那不是雷鸣，是山体滑坡，巨大的泥石流惊涛般汹涌而来。

路，被截断了，车子陷入半米多深的泥石流里。

"下车！"孔繁森心急如火，"我们推车闯过去！"他把衣服一扒，只穿着背心短裤，扑地一声跳进泥浆。

头顶暴雨如注，脚下泥石流滚滚；天地觳觫，万物战栗，令人骇胆惊心。

"不要怕！来，使劲！"泥石流已埋到膝盖，孔繁森浑身泥浆，用肩膀扛着车尾巴，但一切都无济于事，车子就是趴着不动。

五个人一辆车，大家拉呀，推呀，但是泥石流占据了很长一段路面，而路左面是山崖，路右面便是一道几丈深的峡谷，一不小心便会滑进去。

孔繁森如龙在困，心里急得蹿火。

"是不是回县里借几匹马来？"

正在商议中，一辆军车驶过来。

折腾了好半天，军车方把吉普车拖出泥石流，这时已是凌晨4点。

他们来到余震频繁的重灾区朋岗乡，已是黎明7点钟。

雨已停，云已散。但脚下的大地还在战栗着。

孔繁森挨村挨户察看，但见房倒屋塌，满目废墟，一片凄凉。一群衣服褴褛的灾民站在废墟旁，忧愁的眼睛里布满泪水。

在一座倒塌的房屋前，一位30多岁的妇女坐在石头上嘤嘤哭泣，身旁站着一个五六岁的小女孩，嘴里含着一个手指，瞪着两只圆圆的小眼睛恐怖地望着满是废墟的村庄。

孔繁森抱起孩子，心中酸浪潮涌，泪眼汪汪："我来晚了，我来晚了！"说着将身上的钱和那包还未来得及吃的军用饼干交给孩子的母亲。

孔繁森安慰孩子的母亲："别哭，别哭，有党和政府，会想办法帮助你们的！"又询问家里人有无伤亡，那妇女摇摇头。

孔繁森接着找来村长，查问房子倒了多少间，有无伤亡现象，牲口走失没有，一一问过，便对随车而来的县府办公室的同志说："请你记下这些数字！"并吩咐道："立即从县里调拨几十顶帐篷和几十床棉被，还要送些青稞面粉和干牛粪饼来。"

雨停了，大地依然余震不断。孔繁森同自治区副主席龚达布，还有民政厅副厅长达娃更巴驱车前往受灾较重的墨竹工卡县三个乡查看灾情。

三辆车子在冰雹的夹击下奔驶着，两个多小时后，才来到墨竹工卡县城。

龚达布副主席立即召集县委、县府负责同志，布署一番，要求县委县府迅速筹备帐篷、被褥、医药、青稞、大米、酥油、茶叶等物资和救灾款项，运往灾区。接着兵分三路，由龚达布、达娃更巴、孔繁森分别和县委书记、县长、县人大主任带领三个工作组奔赴灾区。

孔繁森和墨竹工卡县委书记一路直赴阳日岗乡。他们深入到

△ 与孤儿一同吃饭，把菜喂给小姑娘

一个个自然村，看到村里的土屋大都倒坍了，一片废墟。藏胞们认为地震是山神和地神发怒，所以村民们都去祈祷，以求得神灵的保佑。

孔繁森和县委书记老常找到十四村的村长，村长也在祈神的行列里。

村长是个 40 多岁的藏族汉子，一脸的憨厚。

“村里房子倒塌多少间？”

“90 多间。”

“砸死人没有？”孔繁森急切地问。

“没有，有几个人砸伤了。”

“送医院没有？”

“没有，伤不重。”村长又补充说：“闹地下沉（地震）最厉害那阵，是白天，人大都在外面干活，放牧。”

“走，咱们挨户看看。”孔繁森说道，接着由村长带路，一户一户地察看。

和在尼木县朋岗乡看到的镜头一样，房倒屋塌，一片废墟，一片凄凉。

一间倒塌的土屋前，有三个孩子坐在屋前的石头上。蓬头垢面，衣服破烂不堪，三张小脸瘦削、蜡黄，神色呆滞，这是三个失去父母的孤儿。

孔繁森将带来的食品交给孩子。又看望了一些灾民，和村长商量了救灾物品和救济款发放方案，直到黄昏，才和县委领导离开村子。

回到市府，孔繁森躺在床上，翻来覆去，怎么也睡不着。他脑子里回荡着几个孩子悲切的哭声。

“我要做他们的阿爸，我要抚养他们！”孔繁森心里大声吼道，“我要还给孩子们一个幸福的童年！”

这是一个重大的抉择，该不该告诉妻子，他要收养三个孤儿，……不，暂时不说吧，她心灵负担够沉重的了。

天刚蒙蒙亮，孔繁森便从小厨房里把仅有的几十斤大米和十几斤面粉提下楼来，叫醒汽车司机。司机问道：“孔市长，这么早，要去哪里？”“去墨竹工卡。”“昨天不是刚从那里回来？”“那几个孤儿我放心不下,要去看看他们！”他把米袋面袋放进车里。

他们又去商店匆匆挑选了几套衣服，买了两床棉被。一切装点好，车子便向市外奔驰而去……

九天之内，孔繁森连去阳日岗乡三次，又给孩子们送去酥油、茶叶、糖果、鞋袜，还留下300元钱，嘱咐单增卓玛的哥哥："这些钱你们用来买油、买盐，以后我常来看你们！"

不久，孔繁森又在县委书记和县长的陪同下，来到阳日岗乡十四村，他对书记和县长说："让这两个最小的孩子到县完小读书吧！"当天，便把两个孩子接到县城。

孔繁森找到县完小校长白玛占堆，说道：

"白玛校长，这两个孩子是孤儿，我收养了，你先替我抚养，留下这个月的生活费，以后我每个月来送钱。"孔繁森从口袋里掏出200元钱，交给白玛占堆："不够，我再捎来！"

孔繁森又道："他们从小没有父母，咱们就是他们的父母，不能屈着孩子！……不过，你要从严要求，照顾好他们生活，更要抓好学习。"

白玛占堆连连点头，心里很是激动："孔市长，你与我们藏族孩子本来无亲无缘，待他们像亲生儿女一样，我们还能说什么呢？"

几天之后，孔繁森便到市民政局找到有关同志，按照法律程

△ 孔繁森和他收养的三个孤儿

序，填了表格，正式将三个孤儿收为养子。

这消息让市长洛桑顿珠知道了，洛桑市长见孔繁森一个孤身男子抚养三个孤儿，且政务繁忙，而又经济拮据，便几次找到他：

“繁森，把丹增卓玛留给我照管吧，你太累了！”

“我行，”孔繁森笑道，“我能照管了！”

“不，不，”洛桑市长心疼孔繁森，“你经济上也承受不了，吃、穿、用开销很大呀！再说，你山东老家还有90岁的老母亲，妻子常年有病，三个孩子还未独立生活……”

孔繁森争执不过，只好“忍疼割爱”，将年龄大点的丹增卓玛“过继”给洛桑市长。

以后，孔繁森每个月都按时去墨竹工卡完小看望孩子，给孩子带去吃的、用的、穿的。每次来都忘不了给白玛占堆校长带些东西。学校住房紧张（西藏自治区学生在校读书实行三包：包吃，包住，包学习费用，每个学生每月60元，但是有固定收入干部、职工的子女在校读书要全部自费），白玛校长将两个孩子安排住在自己家里。

血，一个人民公仆的血，1CC价值1元钱吗？

☆☆☆☆☆

那是1990年的秋天，孔繁森从内地治疗回到拉萨不到半年。

一天下午，他给市保险公司的杨书春打来电话：

“书春，你晚上8点钟开辆车来，破一点，不要新车，我用一下。”

屋里早已坐满了人，孔繁森见杨书春来了，便到里间屋换上一件旧大衣，戴上一顶旧帽子。口袋里装上一副墨镜，低声说："走，你把我送到军区总医院！"

车子开到军区总医院停车场。孔繁森从口袋里摸出茶色墨镜，裹了裹大衣，便走进一楼化验室，杨书春跟着进了房间。

化验室里，钢针尖在他手指上飞快地撞了一下，渗出一颗红珍珠般的血滴，被长长的白玻璃管吸去了。

不多长时间，一张化验单递在他手上。

化验完毕，孔繁森拿起单子走进另一间房间，把化验单往抽血员桌上一放，孔繁森脱下大衣，撸开袖子，将胳膊往桌子上一伸，抽血员正要用胶皮管绑扎手臂，杨书春忽然醒过腔来，接着头"轰"的一声炸了：

"三哥，你这是干啥？"他一把抓住孔繁森的胳膊，"你不能卖血！"

抽血员手拿着针管愣住了。

孔繁森怕惊动了医院其他人，特别是熟人，便急忙制止杨书春："你吆喝什么？"袖子一放，便拉起杨书春向外走去。

月光下，树影里，他俩坐在医院墙角一块石头上。

"三哥，你要缺钱，我今晚就给你借钱，咱们山东老乡这么多，怎么凑凑不够你花的？你千万不能这样干！"说着抱住孔繁森哭起来。

孔繁森也流着泪说："我没钱哪，后天，我要去上海，看望在那儿读书的藏族班学生，想给他们带些家乡的土特产……"

孔繁森常说："钱，这东西如水，没有不行，多了也无用。我的钱是人民给的，我拿出一部分用于百姓群众身上，还不应该么？"他是这样说的，也是这样做的。除了留工资的 20% 用以维持自己生命简单的需要，他把大部分钱都买了药物，买了营养品送给藏族孤寡老人和家庭贫困的边防战士……

为此，他对自己的肚皮都不得不十分吝啬——他常常是用开水泡个馍，滴上几滴酱油便是一顿饭，或是饿了往嘴里塞一把饼干打发一下。

他舍不得买衣买鞋。他几年来都是穿着那套价格 76 元一套的旧西服，洗得都发白了，仍不舍得换一件。就是穿着这套衣服，接见外宾，去北京，跑香港洽谈工作。有一次公务员帮他洗衣服，看他一件背心已是千疮百孔了，便扔掉了。孔繁森又拣回来，自己洗净，缝补一阵，又穿上。

孔繁森从来不向组织谈自己的困难，也不向同事同乡借钱，更没有向公家借过一分钱……现在他口袋没钱，还要买些礼品，去看望遥在东海之滨的莘莘学子、藏胞子弟，送去党的温暖，政府的关怀，怎么办？不让他这样做，就像不让他工作一样，心里会难受如针扎火燎！他心想："没有钱，我还有身体，我还有一腔热血……"

"我必须这样做！我心意已定！"孔繁森擦干泪，"你不要管我！"

"不行，你这样干，我回去咋向三嫂交代？"杨书春死死地拽着孔繁森。

一个起身要去，一个死抱住不让走，孔繁森怕这样争吵哭闹招来人，一时性急，"啪"的一声朝杨书春脸上掴了一巴掌，挣脱他，向楼里走去……

1993年春节之后，孔繁森已决定去阿里赴任地委书记之职，临行前，他必须把两个孤儿接到拉萨读书，可是把孩子接到拉萨，无疑生活费用要比在乡里读书消费高得多，使他的经济更加拮据。他要给两个孤儿买衣物，买食品，买粮油，买学习用品，还要购置床铺……得需一笔不小的开支，又使他陷入困厄……

孔繁森又来到军区总医院。

"你这样年纪的人不宜抽血了！"化验员已换了，是个山东姑娘，名叫张丽。她看到孔繁森花白稀疏的头发劝阻道。

"我的身体还行，没事！"他说着，把屋门关上，怕外人认出他曾是拉萨市副市长，现任的阿里地委书记。

孔繁森道："听口音，你是鲁西人，对吧？"

"我是临清人，你呢！"

"我是聊城人。"

"嘻，那真是正宗的老乡哩！"姑娘惊喜地说，又问："你是急着用钱吧？干吗不让老乡帮一把？"

"不用，"孔繁森说，"我的困难我自己解决，不能给大家添麻烦……既然是老乡，你就要答应我。"稍后，又说："你能给我保密吗？"

姑娘仍迟疑着不肯给他抽血，孔繁森无奈，只好亮出自己的身份。他掏出名片。

姑娘接过名片，大吃一惊："你是地委书记？天哪，哪有地委书记卖血的！"

孔繁森急忙制止："不要大声！你不是答应为我保密吗？"

张丽姑娘经不住孔繁森左劝右说，总算答应了。

血，殷红的鲜血，一滴滴，顺着针头流进胶皮管，又缓缓地汩汩地流进血袋。

50CC……100CC……300CC，300元。

张丽姑娘将一张单据和300元钱交给孔繁森，热泪盈满双眼："孔书记，你以后不能这样……"

"小张，"孔繁森笑笑说，"此事，你一定要保密……我怎么就不能输血呢？地委书记，市长，与一个普通百姓，也许只有血型不同，至于权力、职务，那是人民给的，是用来为人民服务的，其余都不属于自己！"

半个月后，孔繁森又来到医院。

张丽姑娘吃惊了："孔书记，你不能抽血了！时间相隔太短了，你这样下去……对身体有损害的！"

孔繁森说："你不要大声说话！"他又悄悄把门带上，"我家里孩子多，花费大，还有老母亲……不要声张出去，这样影响不好……"

张丽说："我和我丈夫帮你些钱，你干吗这样呢？"

"不，不，"孔繁森摇摇头说，"大家过日子都不容易，我是个地委书记，哪能好意思向别人借钱……"孔繁森又费了好多口舌，张丽姑娘才答应给他抽血。

谁知过了20多天，孔繁森又再次来到医院……

一个多月的时间，孔繁森去了医院三次，共献血900CC，换回900元钱……

一个堂堂的副市长，一个共产党的地委书记却以卖血抚育两个藏胞孤儿，当家徒四壁、十分拮据时，他还有那颗鲜红跳动的心，还有一身炽如烈火的爱，还有满腔滚烫的热血……

抉择——生命的音符

 他依然平静地说了一句："行，我去！"

☆☆☆☆☆

1992 年 12 月的一天。

西藏自治区热地书记打来电话，让孔繁森到他办公室去一趟。

孔繁森接到电话，匆匆赶来。

他轻轻叩响热地书记的办公室门。

"请坐，请坐！"热地书记放下手中的文件急忙起身，招呼孔繁森坐进沙发，又亲自端上一杯热茶，放在茶桌上。

热地书记递给孔繁森一支烟，自己也点燃一支，吸了一口，问道：

"你最近身体怎么样？"

"还好，没事！"孔繁森从来没谈过身体的疾病，习惯地、平静地脱口说道。

"家里有什么困难吗？"

"没有！"孔繁森平时无论在领导和同志们面前从未提过家庭的难处，总是乐呵呵地风风火火地干工作，领导也不太了解他的家庭情况。

热地又吸了口烟，这才缓声说道：

"自治区党委最近研究了，阿里地委书记身体状况很不好，需调回拉萨。"热地书记看了一眼孔繁森，稍停，又说："组织打算派你去接任，你如果有困难，或有什么要求，尽管谈出来！"

近日，区党委会上研究决定选派一名领导经验丰富、组织能力强、身体素质好的汉族干部去阿里赴任地委书记，大家一致认为孔繁森最合适。往常往阿里地区派干部是组织部门和党委最感头疼的事——那里条件实在太艰苦，平均海拔5000多米，高寒，严重缺氧，大面积的无人区，且不说工作，能生存下来，便是一种奉献。

“行，我去！”他的声音不易被人发觉地有点发颤，他猛吸两口烟，平抑一下心情，爽朗地笑道：“感谢区党委对我的信赖。我家里没有困难，个人也没什么要求，请组织上放心，我一定努力做好工作！”

平静，平静得波澜不惊!

简单，简单得令人不可思议！

谈话不到20分钟，一个人生的重大抉择，就这样敲定了！

简直出乎人的意料！

孔繁森有种种理由拒绝这次安排，一是他两次援藏，且第二次援藏即将届满，他满可以回内地安排一个优渥的生活位置，心安理得享受优厚的待遇，打发后半生；二是他的身体素质明显下降，各种疾病已悄悄向他发起全面攻势，特别是上次车祸留下后遗症，右眼重影；三是老母亲已是残年风烛，更需他侍候，妻子新病沉疴，尤其上次动了大手术，稍重的体力劳动都不能负担，还有三个孩子尚未走向独立生活的岗位……

随便哪一条理由都像数理公式一样令人不可置疑，而任何一条理由又像铜墙铁壁一样难以推翻;只要稍稍透出一点迟疑的意思,组织是会另作选择的,然而和两次进藏一样，他丝毫未提个人的困难。去，或不去，只是一字之别，却是人生一次沉重如山的考验，面临着这困难的抉择，他的回答是那样平静和坚定，这该是多么坚强的党性，多么巨大的理智，而又要战胜个人与家庭多么巨大的痛苦和困难!

他挥笔在日记本上写道：

“越是贫穷边远的地区，越要我们为之拼搏、奋斗、付出，否则，我们就愧于群众，有愧于党……”

“来了个焦裕禄!”

★★★★★

从拉萨去阿里，名义上有三条路，地图上也标着三条曲曲折折的红线。北路经那曲，穿过雳雳羌塘草原50万平方公里的无人区，道路是很艰难的；而中路即孔繁森一行正在行驶的路线：拉萨—日喀则—拉孜—措勤—改则—革吉—狮泉河镇，全线长达1800公里。此路海拔高，要翻过几座6000米的高山，道路十分崎岖艰险；南路则是沿着喜玛拉雅山和冈底斯山的峡谷，别说乘车，即是骑马也难以穿行，那只是探险家和科学考察工作者不得已而行的“路”。

孔繁森选中了中路，重要原因便是途中所经过的措勤、改则、革吉三县是属于阿里地区辖管。一出拉萨，便开始了途中办公，他要伸出自己的触角去掌握情况，作出判断；要用自己的目光抚摸阿里的山山水水，打下未来蓝图的腹稿……

陪他同去的还有前往送行的市府副秘长张秋生和孔繁森收养的两个孤儿。

车子在路上艰难跋涉了两天一夜，穿过苍茫的无人区。

直到晚上9点钟，他们才来到阿里地区的措勤县。

措勤县位于那曲羌塘草原的西部。

简陋得不如内地一个村庄。几幢卵石和黄泥巴砌成的土屋,参差不齐,无精打采地散落在荒滩上,一条石子路没有绿树，没有电杆，没有城市应具有的设施。

孔繁森这位新任“太守”，没想到他的“治区”如此贫穷落后，这不能不使他感到震惊，更感到身上担子的沉重。

张副秘书长要找县委、县府的同志，孔繁森一把拽住他的胳膊道："咱先住下，填饱肚皮，天晚了别麻烦人家！"他们在县委招待所停下车。

自然，饭是带来的方便面、面包之类。

不到十几分钟，便平息了肚里的"暴乱"。

"走，老张，咱们一块看看县委书记和县长去！"

司机洛桑说："你们在这儿等着，我熟悉，我叫他们去！"

"不，不，"孔繁森制止说，"咱们一块去，不要叫人家往这儿跑了。"

一向对同志对部下体贴入微的孔繁森不顾一路旅途的疲劳，"穿街过巷"，找到县委书记和县长，县长又命人找来办公室主任及在家的几位副手。

一个小小的座谈会就在县委书记那三间土屋召开了。

县委书记名叫肖达娃，是个藏族干部，不到40岁，圆脸，个头不高，像其他藏胞一样，热情憨厚、纯朴，但那双眼睛却烁烁照人，给人一种深沉、稳重而又干练的感觉。

一番寒暄过后，肖达娃便"如数家珍"般地把措勤县的山川河流，地形地貌，戈壁、荒滩、草场，人口、牲畜，以及土地面积等等一一说得清清白白。肖达娃嗓音低哑，但口齿清晰，汉语说得抑扬顿挫，很是流畅。

这是个纯牧业县，工业和农业都等于零，是阿里地区最穷的一个县。财政收入每年不过几十万元，绝大部分都是吃财政补贴。措勤县原属于那曲地区管辖，前些年才划归阿里，是羌塘无人区的一部分。公路交通几乎没有。牧民居住得十分分散，乡与乡的距离最远者达400公里，村与村的距离最远者200多公里，户与户相距最远的也达80公里。

肖达娃说罢，轻轻地叹了口气："孔书记，旧社会这里是藏政府流放犯人的地方……改变这里面貌实在难呀！"

孔繁森听罢，脊梁骨缝里也不觉冒出一股冷气。他振作精神，抬起眼睛，感叹道："是荒凉贫困呀！再穷、再落后也是母亲身上的一块肉吧，我们不能扔下不管吧！"

孔繁森埋头又在小笔记本写着。小笔记本上密密麻麻地记满了很多数字，上面还做了很多只有他明白的符号，如三角符号、五角星、圆圈等，每一个符号都显示出一个沉重的问题。

孔繁森问道："全县有几所学校？"

"四所。县城一所完小。"

"适龄儿童入学率呢？"

"不到25%。"

每到一处，他首先要了解的是学校，是教育，来到措勤县，他照例关心教育发展情况。孔繁森眉毛蹙了起来："教育太落后了！"他抬头用眼睛盯着县委书记肖达娃，询问道："有什么办法提高入学率，把教育搞上去？"

肖达娃说："穷！目前一缺师资，二缺教育经费，三是牧区居住分散，流动性太大，难以创办学校，牧民们没有上学的习惯，就是免费把课本送到他们手里都不要……"

孔繁森放下笔记本，说道："经费和师资问题，我们千方百计解决，现在勒紧腰带也要把教育搞上去。穷是现象，愚是根本，治穷先治愚，教育搞不好，经济起飞，难哪！"孔繁森沉思片刻，又说道："至于后一个问题，我看不是牧民没有上学的习惯，是上学难的问题，怎么想办法，让学校分布合理，做到乡乡有完小。"

孔繁森呷了一口茶，又拿起笔来，在小笔记本上记了点什么，问道：

"有没有乡镇企业？"

"没有。"肖达娃老老实实回答。停了一阵又说道："县里原来办了一个羊绒加工厂，粗加工，后来垮了……"肖达娃有点伤感。

"什么原因？"孔繁森眉毛一扬，倒很感兴趣。

"没有能源，设备、技术也不行，亏损很严重，就停了。"

孔繁森更感到振兴阿里经济的艰难，但他兴致勃勃，语气严肃而坚定："看来能源制约着我们的经济发展，必须解决这个大问题。"

"羊毛多少钱一斤？"

"4元8角。"

"加工后呢？"

"10多元吧。"

“这就看出来啦，我们光靠出售原料，是很难发展起来的，附加值都让人家赚去了。”他的口气很惋惜。

孔繁森又在笔记本上画个沉重的“△”，就像一座形象化的“山”。孔繁森啊，摆在你面前何止是这一座座山呢，还有深沟大壑，还有茫茫戈壁荒漠，要你带领着6万阿里儿女去奋斗、去拼搏，让荒山披上彩衫，让荒漠出现绿洲，这该付出多少心血和汗水啊！

孔繁森掏出一盒“黄果树”香烟，分给在座的每人一支，自己也点燃一支，狠狠地抽了一口，又问：“牧业呢？牧民们有什么困难？”

县长没等肖达娃发言，先回答了孔繁森的提问：“连年干旱，牲畜大量减少，去年的存栏量比1991年降了8个百分点，是措勤县历年最低的……”

孔繁森记下几句话，又在下面画了一道弯弯曲曲的线，像一

△ 与藏族儿童在一起

条大河横在眼前，这波涛汹涌的大河怎么跋涉穿过？这无疑给他开拓的道路又增加了一道难题。

“有饿死人的现象吗？”孔繁森又问道。

“没有，没有，”县长重复着，“牧民生活却很艰难。”说完低下头，轻轻叹了口气，便哧哧地吸起烟来。

孔繁森思忖一阵，吐口烟雾，打破沉闷的空气，说道：“是呀！困难重重！就是一个字：穷！这个‘穷’字，有老天爷的责任，也有我们自己的责任！”他的口气变得幽默而诙谐：“老天爷的责任，咱暂且不去追究，咱们自己的责任呢？就是如何调动群众的积极性，打一场脱贫的攻坚战；这场攻坚战的突破口在哪里？”他的声音又变得很重，像是问别人，更像问自己。

半夜12点10分了。

孔繁森这才起身离开肖达娃家。书记和县长把新来的地委书记送到招待所。

“孔书记，快休息吧，跑了一天，太累了！”

“没事，你们也早歇息吧！”

肖达娃和县长回去的路上，心情变得振奋。

一个说：新来的地委书记很有魄力！

一个说：他有点像焦裕禄！

第二天，孔繁森在县委书记肖达娃的陪同下，看望了驻措勤的武警中队官兵。肖达娃向孔繁森介绍道：这支武警中队从干部到战士，个个素质比较高，警政关系、警民关系也十分融洽。孔繁森听罢十分高兴。

武警中队的驻地就在小镇西头，没有院墙，只有几排土坯和石头垒砌的土屋，十分简陋、寒伧。土屋后面便是一片开阔的荒滩。战士们正在操练。看到孔繁森和县委书记走来，中队长便迎了上去。

肖达娃向中队长介绍：“这是新来的地委书记！”中队长啪地敬了个军礼。

孔繁森握着中队长的双手激动地说：“同志们受苦了，你们为建设阿里，保卫边疆作出很大贡献，党和人民都感谢你们！”

中队长是三十八九岁的中年人，高个头，方脸盘，大眼睛，英俊潇洒，和很多高原人一样，皮肤粗糙，脸颪发乌，嘴唇发青。

孔繁森亲切地问道：“你在这里工作多少年啦？”

“12 年。”

“家属呢？”

“在老家陕西。”

“啊，身体怎么样？”

“还行。”

“战士们情绪怎样？”

“还好，”中队长答道，“新战士刚来，想家，不习惯，有的小战士还哭过鼻子呢！”

△ 与他收养的两个孤儿在拉萨

孔繁森颇有感慨："不容易呀，人家能来这风雪高原值勤站岗，是了不起的奉献哪！"又拍着中队长的肩膀，亲切地说："我们当干部的要关心他们，体贴他们，把每一个战士都当作自己的亲人！"

一席话，说得中队长心里热乎乎的，连连点头："是，是。"孔繁森接着又察看了战士的营房和食堂，把自己从拉萨带来的鲜菜留给他们："这点青菜，太少了，实在拿不出门去。"又回过头对县委书记肖达娃说："达娃书记，战士的营房太破旧了，漏风撒气的，咱们县里能不能帮助他们盖上新营房？要有困难，你写个报告，我回到地区想法帮助他们解决。"

肖达娃说："孔书记，我们想办法解决吧！"

孔繁森笑道："那好，我再来措勤时，能看到战士们乔迁新居！"

下午，孔繁森又和肖达娃驱车看望县镇附近的几个放牧点，直到黄昏才返回招待所。

"阿里有了希望！"

汽车出了措勤县城，沿着沙石遍地、形骸放浪的公路，踽踽地向阿里另一个纯牧业县——改则县驶去。

从措勤县到改则县足足有 400 公里，汽车跑了整整一天又加半宿，才进入改则县城，此时已是夜间 12 点了。黑灯瞎火，万籁俱寂，幸亏司机洛桑路熟人也熟，他们在县招待所停下，登上记，办理住宿手续。孔繁森既不想麻烦招待所的同志，也不想半夜里去打扰县委县府的同志，便敲响街上一个个体户饭店的门。

还好，有羊肉，还有白菜、萝卜。

孔繁森说：“咱们改善一下生活，自己动手，丰衣足食，今晚咱吃顿水饺！”

饭店是四川人开的，老板倒很热情。

孔繁森袖子一挽，洗洗手便开始剁菜、剁肉，张副秘书长和司机洛桑帮助老板和面、点火。不到一个小时，水饺便包好了。大家饱餐一顿，便回招待所安歇去了。

这时已是夜间2点钟。司机和副秘书长张秋生都已经睡了，孔繁森睡不着，他悄悄爬起来，拧开手电，在笔记本上写下一首《咏红柳》诗：

无垠戈壁绿一层，
历尽沧桑骨正红，
只因根生大漠下，
敢笑翠柏与青松。

第二天早上，不知消息怎么传到县委，县委书记拉加带着县委、县府一班人前来招待所看望孔繁森。这之前他们并未接到“红头文件”，也未接到电话、电报，这位新任地委书记却走一路办起一路“公”来。

拉加也是位藏族干部，大专毕业，人长得有点瘦巴，但显得稳重老练。有一位副县长姓邹，是山东禹城人，1984年考入成都民族学院，只读了三个月的书，便被分配到这雪原极域小县城，开始做宣传工作，后来提拔为副县长，分管文教卫生等工作。

连日奔波，加上高原严重缺氧，孔繁森已十分疲惫，眼圈发青，脸色发乌，嘴唇发紫，凭着毅力和意志，他的精神依然振奋。

“好，好，大家都来了，坐下，坐下！”

小小房间，椅子上、床上都坐满了人。

座谈会开了整整一天，孔繁森大体了解了改则县的整个情况：改则县也是个纯牧业县，面积11.2万平方公里，平均海拔4700米以上，草场面积有8000万亩，牲口存栏量77万只（匹、头）。两所小学：县城有一所完小，察布

△ 帮助藏胞收割青稞

区有一所不完全小学。

另外，在孔繁森小笔记本上还记下了县委县府领导同志提出的 11 个问题：

1. 要求落实以工代赈 19.7 万元；

2. 请地区民政局协助县对 9 个乡的贫困状况进行普查；

3. 要求低息贷款 40 万元，免还或延期偿还；

4. 成立了县运输联营公司，现有 83 辆车，想贷款 100 万元，再加几部车，请解决油料指标；

5. 察布小学已恢复，有 30 名学生，多是贫困户孩子，县里给每个学生买了三套衣服，县里解决了口粮，要求实行“三包”（包吃、包住、包穿），要求地区增拨教育经费 2~3 万元；

6. 要求再建 10 眼太阳能水井，解决区乡居民饮水问题，每眼井需 5 万元；

7. 要求对康拓区改造列入 1994 年计划；

8. 改则县卢仁桥的修建需要列入计划，已报地区；

9. 改则县察布区要求给每个乡解决一辆东风车；

……

孔繁森合上笔记本，抬起目光，说道："感谢大家，给我提供了许多情况，这都是关系到牧民群众生活的问题，我们一定要高度重视，回地区后，我找有关部门组成调查组，对一区九乡进行普查。"

一阵嘁嘁喳喳的议论声，初次相识，大家便感到新任地委书记办事利落，作风扎实，平易近人。

孔繁森又说："古人说，治政之要在于安民，安民之道在于察其疾苦。我们做'父母官'的要始终把老百姓的疾苦放在心上。扶贫是一场攻坚战，要靠我们大家共同努力，把群众的积极性调动起来，找准突破口，来个全面推进！"

座谈会结束时，孔繁森提出要到改则县最贫困、海拔最高的察布区看一看。

县委书记拉加说："孔书记，你太疲劳了，休息一下吧，察布区海拔 5700 米，没有路，车过不去！"

孔繁森道："那就骑马，不看看我心里不踏实。"

拉加拗不过孔繁森，提出要陪孔繁森一块骑马去察布区。孔繁森说："大家都很忙，你们都不要去了，你给我找一个翻译，准备两匹马。"又对张秋生副秘书长说："你和司机洛桑还有两个孩子在招待所休息一天，我去一天就回来。"

他在牧乡转了一天，在乡政府的土屋里，在牧民的帐篷里，在村长家里，在草滩上，河谷中，和牧民们盘腿而坐，聊天，问这问那，嘘寒问暖，听取乡、村干部们介绍情况，倾听群众的呼声，察看他们衣食住行状况，给藏胞们送药看病。牧民们不知道"这是哪来的好人"，翻译告诉他们：这是新上任的地委书记。人人震惊，没想到这位"大本布拉"能到他们破旧肮脏的帐篷里，和他们一块喝酥油茶，吃风干的生牛羊肉……

孔繁森常说：一个人民公仆办公室应在基层，在群众百姓的土屋帐篷。

走到哪里，哪里就是他无形的办公室；走到哪里，哪里就是他的工作岗位。乡政府的床头是他的办公桌；牧民帐篷里，膝盖便成了“写字台”……

在这被称之为“无人区”的苍茫浩瀚的荒天漠地，这些漂泊的游牧藏胞，能在这无休无止的寂寞中，在难熬的寒冷中，在这狂风呼啸、与世隔绝的天地间，默默地劳作，他不能不为这个伟大民族顽强的生命力和吃苦耐劳的精神而感动，但又为他们贫困的生活而感到内心的沉重和不安……

回到县里后，他对县委书记和县长们颇有感慨地说：“牧民的生活太苦了，我们肩头的责任重大啊！我们要不惜代价，改善他们的生活和居住条件，使他们尽快脱贫致富……”

县委书记却告诉他说：“孔书记，地委领导来电话，说是拉萨办事处拍去的电报，你4月8日离开拉萨，正常情况四天到达狮泉河镇，现在已是第八天了，还没见人影儿，可把他们急坏了……”

孔繁森笑道：“怕我被狼吃了？你打个电话，我明天去革吉县，大概后天就到狮泉河镇了。”

经过一天一夜的奔波，孔繁森一行才来到革吉县，这是离狮泉河镇——地委行署所在地最近的一个县城。他又召开了整整一天座谈会，直到第二天下午才来到狮泉河镇，这位新任“太守”正式就职了。

天地苍苍，路在何方

41份请调报告

☆☆☆☆☆

阿里地处雪原极域，是一块美丽而神秘的地方，30.5万平方公里，面积相当于三个江苏省，两个山东省，然而人口却只有6万人，平均5平方公里才有一个人。

阿里边防线长达1160公里，与印度、尼泊尔、不丹、锡金接壤。这里虽然条件艰苦，自然气候恶劣，常年积雪，大风期160多天。

这里常年气温在零度以下，冬季十分严酷，最低温度达到零下41度。

孔繁森一行终于在阿里地区政治、经济、文化中心——边陲小城狮泉河镇落脚了。

孔繁森被安排在一间简陋的小平房里，他本来就十分简朴的家当，也无需要怎么布置。

当晚，他行李卷未打开，便在比他早来一个月报到的秘书长安七一带领下，走访了专员、副专员和其他几位地委副书记。

第二天上午，他便来到部队驻地，看望边防哨卡的将士。孔繁森给将士们带来了礼品和书报杂志，这些全是他在拉萨自己掏腰包购买的。

这天上午，他又走访了阿里狮泉河镇唯一的一处完小，看望了教师和学生。

下午，他便和阿里军民一块植树，在狮泉河谷里，刨开冻土，栽下第一棵红柳。

这天晚上，他便召开了地委、行署“见面会”，详细地询问了阿里的经济、地理、文化、农牧业等有关情况，小小的笔记本上又密密麻麻写满十几页。

孔繁森上任第三天,就收到三份请调报告。工作尚未开展,便碰到这些棘手问题。他来到新任地委秘书长安七一的房间,想了解一下具体情况。

孔繁森说："七一，这三个人的情况你了解么?"他把三份请调报告交给了安七一。安七一接过来，没有看，笑道："我这抽屉里早有一沓子了，你看，"说着拉开抽屉，拿出一叠纸来，"我还没来得及向你汇报呢，我先给你数一数！一、二、三、四、五……"安七一数了一阵："不多不少，加上这三份整41份。"

孔繁森更加震惊了！

汉族干部想调离阿里，藏族干部也想调离阿里，理由都很充分，不是家里有老人需要照顾，就是夫妻分居，个人身体有病，不适应这里的艰苦环境，还有的附上妻子来信，信的内容几乎带有最后的通牒：如果不能限期调回来就要分道扬镳；还有的在请调报告后面附上了医院诊断书、病历……

这41份请调报告对新任地委书记不啻是当头一棒，打得他眼冒金星，头疼欲裂。自己离开拉萨时，还向自治区党委立下军令状：三年不改变阿里面貌，便请求免职，谁知，刚上任就碰到这么个严重问题，出乎意料之外！

要振兴阿里，发展阿里经济就得靠人才，人才留不住，一切都是句空话。这41份请调报告有党政干部，也有科技工作者。干部队伍思想不稳定，知识分子队伍思想不稳定，这怎么不引起他沉重的思考啊！

晚上两个人睡不着，一个人围着一床被子，面对面地聊起天来。

安七一道："关键是解决干部队伍稳定问题，干部队伍思想不稳定，阿里形势就谈不上稳定和发展。"

孔繁森道："对，这是个根本问题，我原来估计不足。这些请调报告，我粗粗看了一些，有些同志确实有家庭困难，身体有病。应该照顾，但是根本问题是同志们对阿里失去信心。人是个怪物，苦不怕，累不怕，就怕对他从事的事业没有希望，没有信心，人人都想干一番事业，一旦追求的事业没有希望，精神支柱就垮了。必须提高大家对阿里发展的信心！"

安七一道："前任地委书记公觉次仁说过，要发展阿里，不走出传统的农牧业生产结构，阿里地区的经济发展就没有希望，但要改变现有的落后局面，资金、人才和基础设施上的限制因素又太大。"

"难道阿里就没有优势吗?阿里的优势在哪里?不管发达地区或是落后地区都有自己的优势，我们必须找出自己的优势，规划制订发展蓝图，振奋大家的情绪，增强大家奋斗的信心。"

一连三四个晚上，孔繁森都没睡好觉，没有电，就打起手电筒，看材料，翻文件，他的眼睛熬红了，乌紫的嘴角都燎起了火泡……

这几天，孔繁森完全进入了一种"工作狂"的状态。他白天黑夜连轴转，一个部门一个部门地调查，一项工作一项工作地了解过程，一整夜一整夜地思考阿里发展前景。4月25日，他到达狮泉河镇的第六天，便由他主持召开了第一个地委行署联席会议，他提出要发展阿里，先要稳定干部队伍，增强信心。他给各级干部出了第一道题：寻找阿里发展优势。

天地苍苍，路在何方

☆☆☆☆☆

他到任后的第七天，便下到基层，去调查研究，探寻阿里发展的优势和道路。此行路线是噶尔县—扎达县—普兰县。从前几天翻阅的有关资料中，他知道，阿里 1160 公里的边防线上有古通道 57 个，这是原始古老的贸易口岸，要振兴阿里经济，公觉次仁书记说得好，必须打破传统的农牧业结构。现在要考察通商口岸，发展对外贸易，而普兰县是阿里地区最大的通商口岸，那里的贸易情况怎样？有何发展潜力？如何加大贸易额……

他的脑海也像脚下的道路一样起伏跌宕。

也不知走了多长时间，前面出现一条河流，蜿蜒曲折的冰水从山沟里流出来，向东南方向奔腾而去。

灰黄色的河滩上出现一座帐篷。两个小姑娘，大的有十来岁，小的七八岁，用棉头巾包着脸，坐在帐篷前。帐篷旁边还有两头牦牛。

孔繁森眼睛一亮，迸溅出一簇兴奋的火花，驱车行了大半天，才看到帐篷人家，怎能不高兴呢？他让车子停下，向帐篷走去。

孔繁森朝帐篷里看看，发现一位老人用一床破棉被围着腰，坐在氆氇卡垫上织牦牛线绳。

“姆拉，扎西德勒！”

翻译格桑丹珠告诉老人，说是新来的地委书记看望您来了。

老人连声咳嗽着移动着身子要起来，孔繁森按住老人的肩膀，不让她起来。便命小梁从车上取来药箱，取出听诊器，给老人听诊、号脉。老人患有气管炎，取出一些消炎药，嘱咐她如何服药。看了看帐篷里牛粪饼不多了，摸摸面袋子，青稞粉也不多了，帐篷一角挂着一块风干的羊肉，乌黑发黯。“太穷了，太苦了！”孔繁森心里有一种难言的苦痛，贫困像一座巍峨大山沉重地压在老百姓身上。“身为父母官，不为民解忧，何言公仆哉？”他想起自己笔记本上的一句话。必须尽快改变阿里的面貌，使老百姓早日脱贫致富。一种使命感、责任感，使他的心情变得更加沉重。

离开帐篷前，孔繁森将自己的一件毛衣脱下给姆拉穿上，又留下一些带来的饼干、面包和方便面。

扎达县一个乡办小学，这也许是世界上地势最高的一处小学了。

几间简陋的土石垒砌的房屋，几十个衣着破烂肮脏的孩子。屋舍里没有照明设备，更无取暖条件，虽已至5月份，这里依然寒气袭人。孩子们瑟缩地坐在冰冷的土台子上，瞪着一双双聪慧的大眼睛，吮吸知识的乳浆。这里交通闭塞，即使夏天，平均温度都在零下。晚上，孩子们上自习脚都冻肿、冻紫、冻烂了。

孔繁森看着他们一张张冻坏的小脸，一双双红肿皲裂的小手，艰难地握着笔，一个字一个字地写着。他们像对苦难、对寒冷没有什么感觉似的，好像生来就应该这样苦、这样难、这样挨冻。孔繁森鼻子酸酸的，立即掏出口袋里1050元钱——这是他来到阿里领取的第一份工资，交给校长：

“麻烦你，用这些钱给孩子们买双鞋袜吧！”说着眼睛都潮湿了。

校长接过钱，也泪眼汪汪地说：“孔书记，我代表学生向您表示感谢！”

“啥话也别说了，我作为地委书记，不能让孩子们幸福地学习成长，心里有愧啊！”

告别了学校的孩子们后，孔繁森一行从扎达县出发，来到阿里地区海拔最高的牧区——亚热区。

在丁固乡，他们来到乡长家里座谈，孔繁森掏出小笔记本，听取大家讲述乡里的情况。

丁固乡海拔5000米，全乡人口只有700多人，分布数万平方公里，全年平均气温在零度以下，大部分是高山，一半荒漠草场。全年无霜期只有56天，4~8级风一年有200天，其中8级大风的天气就有120天，年降雨量平均在80毫米左右。残酷的自然环境、恶劣的生态条件制约着牧业的发展，连人畜饮水都感到困难。但这里有储量丰富的镁矿石，过去的牧民们没有商品意识，更无多种经营观念。这几年政策开放，他们才开始在发展牧业的基础上，进行矿业开发。

孔繁森问道：“一吨镁矿石多少钱？”

“400多元吧，拉到青海格尔木，就是1600多元了。”洛加次仁回答。

“好，过去怎么组织的？”

“都是个体，随便挖，矿多得很，据说占全国的镁矿石储量的90%以上，现在主要是运输问题。”

“要县、区、乡一齐组织。”孔繁森非常感兴趣，问道：“县上有运输队没有？”

“有，是个体组织——现在叫股份有限公司吧，是全县牧民凑集的车辆，有80多辆呢！”

“这就好，有条件还要再增买些车辆，提高运输能力。抓好镁矿石的开采，是我们丁固乡脱贫致富的突破口。”孔繁森有点激动，眼睛闪着火花：“乡里、区里、县里要有专人负责。”

“我们还想办个商店、粮店。”乡支书索郎达杰说。牧民购买粮食和生活用品很困难，要跑到县里，近的要走好几天，远的需要一两个月，赶着羊群，一边放牧，一边赶路，来到县城，买上几袋青稞和一些生活用品，用羊驮回去，一年的吃穿用品就靠这一趟买齐。

“你们过去办过吗？”

“办过，后来亏损，垮了。”

“要选好人，乡里要有专人负责，定下谁来管理。”孔繁森打着手势说，“凡是群众的困难，群众需要办的事，我们要千方百计地解决、办好。”

△ 孔繁森与乡干部谈话

又谈到连年干旱，草势长得很差，草场萎缩，牲口死亡率较高，但牧民们不舍得卖，牛羊死了，既不扒皮，也不吃，扔到山沟里就完。孔繁森对这一点，谈出自己的看法：

“要教育牧民，增强商品观念，不要以存栏量定穷富，这种观念一定要打破，你们乡干部以身作则，村干部带头。旧观念打不破，牧业发展也上不去。”

谈话一直到夜间12点半。

乡支书的妻子端来一盆热气腾腾的炖羊肉。其实羊肉半生不熟，只放些盐，没有任何作料，羊肉汤里飘着一层牛粪灰。对孔繁森来说早已习以为常，他高兴地手一挥：“来，大家尝尝支书夫人的手艺！”说着，抓起一块，大口啃起来。

在丁固乡一连住了两天，第三天黎明，孔繁森叫醒翻译，告别乡长，便跨上马一路向改则县城奔去。

车子已经来到神山冈仁波钦峰脚下。这是冈底斯山的主峰，海拔6656米；而它的旁边就是著名的圣湖——波涛浩渺、碧绿湛蓝的玛旁雍措湖。

每年5月至10月，来瞻仰神山圣湖的人很多，有尼泊尔人、印度人、日本人、法国人、巴基斯坦人、阿拉伯人、奥地利人、德国人，当然更多的是前藏后藏前来朝圣的藏族同胞。他们千里迢迢、万里迢迢来到神山圣湖，围着山转经，围着湖水转经。这神山围长究竟多少米，很难计算，但步行绕山一周一般是36至48小时。

山脚下有冈底斯宾馆，但客房太少了，设备也简陋得多，从四面八方来朝圣的人，不得不临时搭些帐篷，又由于宾馆的饮食供应不足，这些朝圣者不得不自带食品，至于来自西藏内地的朝圣者，则借山涧溪水做饭，吃糌粑，喝酥油茶，而外国旅客则是面包和从普兰县带来的健力宝饮料。

孔繁森走进冈底斯宾馆，只见这宾馆设备简陋，水、电、食、住捉襟见肘，床位很少，远远供不应求，所以才出现宾馆周围密密麻麻的帐篷。

他找到宾馆负责人，询问道：

“每年来这里朝圣者、旅游者有多少人次！”

“少说上万，多则几万人。”

“为什么宾馆设施如此落后，床位这么少？能不能扩建宾馆，增设床位，改善食宿条件？还有，能不能增加商店，以旅游业带动商贸业的发展？”

“难哪！这里建筑材料紧缺，实际上是运输困难，资金也紧张，扩建宾馆早有想法，我们也写过报告……可是一直没有解决。”

“你们有什么设想？”

“我们很同意你的意见，以旅游带动商贸业的发展，这里可增加贸易摊点，关键是修好公路。”

“对，对，”孔繁森笑着点点头，“路通财源就源源而来。”

孔繁森抬起沉思的目光，凝视着窗外神山圣湖壮美的大自然风光，那肃穆的冰峰，湍急的河流，宁静碧蓝的湖泊，峻峭的山峦……这是一片多么富有魅力、令人心醉、令人振奋动情的土地！让你感到生命的庄严、伟大，感到山水大自然无边无际的宽容和无限丰厚的赐予。这里又是印度文化和汉文化交流融汇点，是地理学、人类学、文化学、民族学等文化积淀最深厚的圣地，是各种学科最为理想的研究领域。这片梵天净土，辉煌的宗教文化，与经济的落后，生活的贫困，形成鲜明强烈的反差。守着神山圣水，金山银水，人民的生活却得不到温饱，这简直是我们当干部的耻辱啊！

他神色凝重，心里隐隐作痛。

他在小笔记本上写道：必须解决交通问题！必须充分开发旅游资源！必须开拓商贸市场！……句句话的后面都是一个重重的惊叹号。

普兰的方向

普兰县紧靠中印边境，是阿里高原的西南门户——南有喜玛拉雅山，北有冈底斯山。翻过喜玛拉雅山险峻的隘口，急转直下，就是尼泊尔，就是印度了。

孔繁森知道，振兴阿里地区的经济，不仅要抓好农牧业的生产，更要抓好通商口岸的经贸发展和旅游业的开发——这是个大的突破口，他来到阿里后，目光便盯上了普兰。

孔繁森沿着狮（泉河镇）—普（兰）“公路”，走了整整一天，直到晚上 9 点才来到普兰县镇。

孔繁森在县招待所住下后，便召集县委、县府、人大、政协有关负责同志开座谈会。到会的人很多，人们对新任地委书记风尘仆仆来到普兰，极为高兴。

一阵寒暄和相互介绍之后，孔繁森开门见山地说："这么晚了，把大家召集起来，一是为了见见面，二是为了摸摸情况。自治区党委派我来阿里工作，希望得到大家的支持。我们共同把阿里的经济搞上去，把阿里老百姓的生活提高上去。"

朴实而坦率，热情而又豪爽。

先是县委书记刘明汇报了普兰县农牧业生产、财政收入、文化教育、第三产业等情况，接着大家七言八语补充了一些数字。谈到资金、能源、交通等方面存在的困难和问题，也谈到教育滞后、人才匮乏问题。

孔繁森一一记下。

谈到通商口岸和旅游业的问题,孔繁森颇感兴趣,恨不得当晚就去看看"国际市场"。

县委书记刘明说："传统贸易有很强的季节性，商人们像一群候鸟，每年6月至10月来这里，过了10月都走光了。大半年时间这里是冷冷清清。"

"什么原因？"

"很简单，大雪封山，道路不通。"刘明弹弹烟灰又说:"旅游业也是这样，每年5月至10月，尼泊尔、印度的朝圣者，成群结队地来神山圣湖转山转湖。"

刘明又介绍道：普兰是联结中国、印度、尼泊尔三国的纽结，过去有24条古通商口道，这是喜玛拉雅山的24个垭口，从那里可向更遥远的南亚次大陆渗透。尼泊尔商人一年一度往返其间。不过尼泊尔人很穷,大都是小商小贩,贸易额不大，用驴子、骡马来驮运货物；印度大商人较多，60年代初期，因中印边境关系紧张，关闭了一些通商口道；80年代改革开放，我们县委一直重视通商口岸的开放，但印度富商大贾来得很少，不知什么原因。

"好，刘明，明天咱们一块逛逛国际市场！"孔繁森高兴地说。

第二天，孔繁森由刘明陪同察看了"国际市场"。

这哪里是什么国际市场？六七排卵石垒的房屋，简陋粗糙，犹如读者在措勤县镇所看到的那些商店；商品呢，也是大同小异，大都是藏族所需的日用品，红糖、白糖、木碗、藏刀，首饰也大都是石头项链。现在尚未到旺季，市场冷冷清清，看不到印度商人，衣服褴褛的尼泊尔人也不多。经商者大都是来自四川、青海、甘肃、新疆等地的内商，现在也未来到。有些商店还贴着封条，有的只留下一两个人看守门面，商品无非是打火机、手表、电子钟，有一些铁锅、钢精锅之类，家用电器很少，至于豪华商品更是稀有了。

孔繁森一边察看，一边思索。他脸上时而浮出笑纹，时而嘴角上的线条又绷得紧紧。这种粗糙潦草的构图的确使他失望。没有诱人的魅力，没有招人青睐的景象，如何更好地开发呢？

孔繁森忽然眼睛一亮，对刘明说："小伙子把原因给咱们找出来了！改革开放有个新名词'招商引资'，咱们得在'招'和'引'上好好做文章！"

孔繁森兴致勃勃，继续说道：俗话说靠山吃山，靠水吃水，普兰的神山圣湖就是金山银水——当然要搞好旅游业的开发，还要注入很大一笔资金，譬如通往神山圣湖的道路要修好，还要开发野生动物观览区，加强与新疆旅游部门的合作，开通新疆旅游线。在拉萨时我就找过自治区旅游局，希望得到他们的支持。要加强拉萨至阿里的旅游线的开发，人们到了拉萨而不到阿里。那是看了半个西藏，不能让旅游者留下遗憾。要尽最大努力吸引尼泊尔、印度香客，我们要写报告，上报自治区、国务院，争取划为国家旅游区！

孔繁森还谈到：要采取走出去请进来的办法，对旅馆、饭店及旅游行政管理部门、技术管理人员进行专业培训。加强旅游队伍的政治思想建设，开展爱国主义、民族气节教育，开展职业道德、法制观念和马克思主义民族观、宗教观，维护祖国统一，反对分裂的教育，使我们的旅游队伍真正成为一支有理想、有道德、有文化、有纪律的队伍。

随后，孔繁森又到狮泉河镇看望了丹增活佛。

信念在胸，路在脚下

1993年6月5日。

一场解放思想更新观念，寻找阿里发展优势的大讨论开始了。

地委、行署主要领导和各部委办局的负责同志来了。

各县县委书记、县长来了。

人大、政协的负责同志来了。

这座简朴的地委会议室，从来未曾有过这种热烈的气氛。一排排卡垫上坐满了会议参加者。

孔繁森这个1.78米的山东汉子坐在卡垫上，连续一个多月的日夜奔波，他明显消瘦了，原来体重160斤，现在不足140斤了。脸膛黑青发紫，嘴角、嘴唇干裂，皮肤也起了脱落的白皮。但他的情绪很好，下乡前那沉重和忧郁的神色不见了，目光里时而爆出信心和喜悦的火花。他有些花白而稀疏的头发很有秩序地向后梳着，他眼前摊开的笔记本上密密麻麻记录着几十页在下面了解的情况。他听着大家的发言，不时翻翻笔记，又不时在上面补充着记点什么。他时而双臂交叉，时而耸起双肩，那双肩膀虽然瘦削了，却更加坚实。

发言是热烈的。地委、行署各部委办的负责同志说到阿里能源紧缺，交通不便，信息闭塞，资金匮乏；谈到阿里的环境恶劣，气候高寒，更难以从内地招引人才；当然也有的同志谈到阿里内在的潜力，物博地广，矿产丰富，但开发起来却困难重重，尤其是运输难以解决，因此开采价值不大……

还有的谈到，由于冷酷的生存条件对人体极其不利，限制了人力资源的实用积累，也就使得区域内市场狭窄，人力资源短缺。

也有的人谈到，发展基础过于脆弱，机制不全，使之不仅难以承受资源及发展需求的重负，而且也缺乏相应的吞吐功能和代谢之力，尤其处于各种“嫁接排异综合症”的控制之下，各种矛盾不断滋生，形成了很大的内耗机制，又使本来很弱小的发展实力更加弱小了。

当然，不少人谈到观念陈旧，传统的积淀沉重，为这一区域经济向现代化的蜕变增加一种无形的惰性。

孔繁森微笑的目光扫描了一下会场，以沉静的口气说道：

“大家的发言很好，从理论和实际的结合上探讨了制约我们阿里地区经济发展的种种因素，不可否认，这些问题确实存在，有的还相当严重，甚至相当长一个时期得不到克服，得不到解决。那么阿里的优势呢？任何地区无论发达的、后进的地区，都有它们的优势，我想在座的同志在这儿工作的时间比我长，比我更了解，能不能谈一谈阿里的优势？”

一个藏族干部发言了，他是地热公司的经理，这位经理长得五大三粗，一派剽悍、粗犷的风度：

“其实，我们阿里能源还是丰富的，有风能、日光能、地热、水能，以及原子能赖以裂变的铀等资源是极其富有的，关键在于我们资金和技术设备、技术人才短缺，如果能解决后者，我想能源的开发是不成问题的，这是人类能源发展的方向……”

孔繁森点点头。

一位文化局长站起来发言道："这一区域在长期的封闭过程中，各族人民不仅在与特殊而恶劣的自然环境搏斗，而且也与由此导致的、特殊的经济社会发展规律及表象搏斗，从而创造光辉灿烂、独树一帜的文化，积淀了丰厚的文化遗产，这是我们阿里地区丰厚的人文资源……对于旅游开发是极为有力的。"

发言更加热烈了。

有的畅谈本县的发展设想和蓝图，有的谈本部门、本系统的计划，也有的谈到党的民族政策优越，全国各地都支持我们阿里，帮助我们阿里……这也是个优势。

孔繁森的情绪更兴奋了，他的目光掠过每个发言的人，不时点头，不时微笑，不时陷入深思，也不时插话，引导发言者向纵深方面探讨……

会议气氛热烈而富有朝气。

"丹增曲扎活佛，您是学者、专家，想听听您的高见！"

丹增曲扎用藏语发言，翻译把他的话译出来，意思是：

"我们阿里有六万多藏胞，能够生存下来，能够在这片土地上劳动、生活、繁衍，这说明，我们这里还具有希望，具有生存的条件。过去我在那曲羌塘无人区，那里的条件不比我们这里好多少，无人区现在成了有人区，这不说明了历史的进步吗？"

他还说道："我们僧佛喇嘛，我们信奉宗教的藏胞热爱这片土地，维护祖国的统一，这也是我们阿里的优势……"

当然丹增曲扎三句话不离本行，他说要改善医疗条件、创办藏医院、发展藏医、开办药厂等等具体问题。

……

会议上畅所欲言。

孔繁森待大家发言完毕，开始说话了，他声音洪亮，富有激情：

"刚才有位同志谈到了能源，风能、日光能、地热、水能，丹增活佛也谈到人的问题，说得很好。我们在座的每个人也是能源，喷发能源的是人，大家能在这高原雪域奋斗、奉献，这本身就是巨大的能源。"孔繁森伸出一只巴掌，一只手掰着另一只手的手指，说道："我到各县转了一个多月，我发现阿里有六大优势——"他滔滔不绝地讲起来：

一是区域优势。阿里有1160公里的边境线，57道传统的边民通道，普兰和什布奇已成为我国对尼泊尔、印度的开放口岸；新疆等邻区的大门进一步向我们敞开，欧亚大陆桥为我们进入独联体及中亚市场提供了方便。中央早就提出"以樟木、普兰口岸为窗口，以边境为开放带，逐步进入邻近国家和

△ 孔繁森去阿里乡下视察工作

地区的市场”。阿里已成为加快改革、扩大开放的有利地位优势；

二是畜牧业优势。阿里地区草场总面积 3.22 亿亩，可利用草地 2.6 亿亩。虽然草场产量低，但牧草品种优良，天然草场载畜量为 350 万个绵羊单位，可进一步发展的潜力在 30% 左右；

三是矿业产品优势。过去我们忽视了这一优势，现在我们不能守着宝山，端着金碗去讨饭。据地质部门探明的硼、镁石、钠镁盐、黄金、水晶等稀有金属、有色金属，以及盐、煤储量还是很丰富的，分布广，品位高，易开采，有的已有多年开采历史，深受国内外用户欢迎，这是我们创汇的主要来源；

四是旅游资源。谈到这点，孔繁森情绪更加激动、高昂。我们阿里独特的自然景观、人文景观、风土人情，闻名南亚的神山圣湖，美丽多姿的斑公湖，珍贵的野生动物，更重要的神秘的宗教文化，都吸引着国内外大批游客，是我们过去宣传不够，我们接待条件也比较差，交通也确实不便。我离开拉萨时，曾多次跑交通厅、旅游局，争取他们的支持、帮助，一是加大对外宣传的力度，二是解决从拉萨开往阿里的班车，使旅游业尽快发展起来……

五是政策优势。孔繁森伸出第五个手指，这是大拇指：自治区党委和政府召开过多次关于阿里的会议，给阿里很多特殊的政策，最近下达的 1993 年 4 号文件，大家都看到了，对我们阿里作出明确指示，充分体现了区党委、区政府对阿里特别关怀和重视。我们要用足、用好自治区给予的一系列政策，将会给阿里带来巨大的经济实惠！《红楼梦》上有句古诗说得好：“好风凭借力，送我上青云。”现在好风已有了，就看我们的翅膀鼓没鼓起来……

说到这里，人人脸上出现喜色，有个别人在低头说话，对新来的地委书记着眼恢弘，思考问题高屋建瓴，深为佩服。通过孔繁森有力的手势和充满激情的话语，对那种魄力和气度，那种务实和开拓精神更为感动。

“还有一点，”孔繁森呷了一口茶，提高声音道：“同志们发言中都尚未提到——那就是我们的人口优势，我们阿里人口少，这是一大优势，这就是说我们增长基数小，而人均值却很大……”

“另外，我们落后也是一种优势。这一点可能难以理解，事实上我们在资源分析中已经提及，正因为落后，发达地区对这一区域的压力暂时只是在形势和观念上，还无法将触角伸到经济社会发展的内部。也就是说，发达地区不可比的因素，在一定时期内对这一区域而言还不存在着竞争问题，其战略流向和竞争力的扩散相对于这一区域还是单向的。我们刚好可以利用不被人视作竞争对手之际，借其扩散的战略流向和竞争之力明修栈道，暗度陈仓，养精蓄锐，以图长远较量。”

与会者被孔繁森的理论水平震惊了，许多在阿里工作多年的老同志，仿佛在大脑里渗入了清凉剂，顿觉云散雾消，头脑变得清醒，看到了阿里的希望。更多的同志像是血管里注入燃烧的热血，过去那种颓唐、灰心、无所作为的思想受到了很大的冲击。

“同志们在发言中都谈到，陈旧的观念、无所作为的观念等，重要的是懒汉思想还束缚着我们。要更新观念，解放思想，首先是我们在座的同志来一个脑袋大清洗，把旧的东西统统洗刷掉；振兴阿里，首先振奋我们的精神；改变阿里的面貌，首先要改变我们领导干部的思想状态，使我们的步伐赶上去。请同志们相信，我们阿里不是国家的包袱，而是国家的财富！”

最后，他语言铿锵地说：

“我们必须砸烂束缚我们手脚的镣铐，要用我们自己的大脑吞吐历史风云，变压力为动力，变惰性为开拓性，变离心力为凝聚力、强大的生命力。”

孔繁森富有鼓舞和感召力的话语，像给大家心中烧了一把火，人人顿觉暖乎乎的。

他们说：“新来的地委书记，看问题高人一着棋，在劣势中看到优势，从不利因素中发现有利因素，能找出突破口，抓住龙头，咱们阿里地区有了希望。”

会议一连开了三天。

一场大讨论，给阿里这个病体奄奄的巨人带来了巨大的生命力！

在爱的天平上

难偿亲情

☆☆☆☆☆

1993 年 6 月 18 日，妻子王庆芝和小女儿玲玲来到拉萨。

在这之前妻子曾给孔繁森打电话，说她和玲玲要去西藏看望他，请他准备好米、面、油，玲玲准备在拉萨参加高考——孔繁森非常喜欢小女儿玲玲，调往拉萨担任副市长时，曾把小女儿的户口迁到拉萨。玲玲又一年多没见到爸爸了，她多想念爸爸啊，在飞机上，她就和妈妈说："俺爸爸准在机场上迎候咱们呢！"

飞机在贡嘎机场降落之后，小玲玲的眼睛撒着欢儿寻找那高大熟悉的身影。爸爸冬天喜欢戴礼帽，夏天喜欢戴草帽，她向所有戴帽子的人看去，却不见爸爸。王庆芝在舷梯上四处张望，却也不见丈夫的影子。

"嫂子！"只见一个个头不高的青年人向她走来。

"小马！"王庆芝惊喜地叫了声。

王庆芝和玲玲都认识马升昌，那年她们来拉萨认识的，也是山东老乡。

"马叔叔，俺爸爸呢？"

"孔书记还在阿里，打来电话，让我来接你们。"

到了拉萨，王庆芝和女儿玲玲当晚住在马升昌家。马升昌说："我给阿里拍个电报，让孔书记回来。"

孔繁森接到电报时，正在扎达县陪着自治区工作组检查工作。

他把电报往口袋一塞，吃过午饭便悄悄走到邮局，给拉萨回拍了个电报：

庆芝，公务繁忙暂不能来拉（萨），保重。森。

从邮局出来后，他便带领工作组去看望离印军哨所只有几百米的什布奇村。

孔繁森逐家逐户看望，问寒问暖，并向群众分发他带来的礼品。

这天夜里孔繁森睡在边防连宿舍里，待大家睡着了，他悄悄爬起来，洗了洗血水浸湿的内裤，他的痔疮一直未好，直肠瘤又破裂了，裤头上是一片血，一片脓，疼痛难忍。怕惊动同志们，他悄悄地跑到厕所，打着手电，自己涂上点药膏，这里谁能知道他为什么不骑马而步行往返 20 多公里路，谁能知道他是忍着多么大的疼痛一步一步走下来的？

明天就要填报高考志愿了，焦急的玲玲还没等到爸爸回拉萨，她把电话打到边防连："爸爸，从小我就很少见到你，也很少直接感受到你的父爱和关心，我将要报考大学了，在我人生最关键的时候，我希望你能回拉萨一趟。我不是让你托人找路子的，我凭着自己的成绩能考上大学，如你能来，对增强我考试的信心至关重要，我需要爸爸的支持。"

电话里传来女儿热切的恳求，声音里夹杂着哭泣声。

孔繁森在电话里说："孩子，人生的路靠自己走，爸爸相信你能走好这至关重要的一步。阿里有很多工作要我去做，爸爸祝你考好。"

"哇，爸爸……"电话里传来女儿的哭声，"您就这么不关心你的女儿吗？女儿来西藏考学，就想来见自己很久未见的爸爸，想得到你的支持，难道这一点要求也过分吗？……爸爸，您心太硬了……"女儿哭得更痛了。

电话里还传来妻子的啜泣声。

孔繁森持话筒的手颤抖了，他百感交集，万箭攒心，眼泪潸然而下，但又想不出更合适的安慰女儿和妻子的话语。

电话里出现一阵哭泣声。

他博大的襟怀，容得下荒原广漠，高山大河，冰川雪野，却很难寻觅小小一块安放妻室儿女之地；他那颗心灵辐射出强烈的光芒，温暖着千家万户，却对自己女儿妻子那么吝啬，能不让女儿痛哭，妻子落泪么？女儿那么一点可怜的要求，当爸爸的就不能满足，怎能不伤害那颗小小心灵呢？自己欠妻子的情，欠孩子的爱太多了，今生今世也偿还不了……

到拉萨整整一个月了，丈夫仍未归来。

愧对爱情

☆☆☆☆☆

1993 年 7 月 17 日。

又是夜晚。王庆芝感冒发烧，39℃。心里翻江倒海，火辣辣地疼痛。

"玲玲，"王庆芝叫醒孩子，"我不知咋的心里不好受，你快起来……"

女儿把痰盂拿来，王庆芝"哇"地吐出一口，啊，是血，有半茶盅！

"快，快，快叫你李树真叔叔去，我不行了，又跟那一年一样……"

玲玲急忙往楼下跑，跑到李叔叔家，敲响李树真的门。

当夜，几个老乡便把王庆芝送到军区总医院进行紧急抢救，输血、输液、输氧……

经过一夜紧张的抢救，王庆芝吐血控制住了，但还在昏迷状态中。

女儿玲玲守在母亲病榻前痛哭不止。

医院把王庆芝病危通知单下到阿里驻拉萨办事处。办事处立即给地委、行署要通电话，把情况汇报给负责同志。

留在镇里的地委、行署领导接到办事处的电话，立即召开了一个不寻常的紧急会议——一个没有地委书记参加的会议。

会议氛围严肃而庄重。

“怎么办？怎么动员孔书记回拉萨？我们应对他的亲属负责！”

一阵沉默，人人眉额紧蹙。

忽然有人站起来，说道：“干脆用‘哄骗’的办法，就说，自治区党委有紧急会议，要地委书记立即奔赴拉萨！”

他们当场拨通扎达县驻军电话，通知孔书记即刻回返，前往拉萨“开会”。

孔繁森不得已离开现场办公的工作组驱车日夜奔往拉萨。这时工作组的同志还不知道孔繁森爱人住院病危呢！

四天四夜的路程，他三天三夜赶到了。——这时妻子和女儿来到拉萨已经一个月零四天了。

办事处的同志把实情告诉了孔繁森。孔繁森驱车来到医院，推开妻子病房的门，看到妻子那消瘦蜡黄的脸庞，顿时眼泪潸然泉涌，这个坚强的汉子，这个泰山压顶不弯腰的汉子一下子扑倒在床前……

经过手术和连夜的护理，王庆芝已脱离了险期。看到来到拉萨一个多月方从阿里归来的丈夫，她泣不成声，泪流满面。

他默默地站在妻子床头。只有眼泪在心中暗暗地流淌。

妻子见丈夫不说话，知道他心里也在吞咽着巨大的痛苦，他生活得太累，太疲惫了，不应该这样责备他，不应该埋怨他。

妻子刚刚出院，孔繁森又住院了，严重的环痔疮，使他大便更加艰难，血迹脓迹浸满裤头，别说骑马，坐车时间稍长一些，就疼痛难忍，他不敢让妻子看到他的痛苦，每天都是让随他而来的公务员小梁帮他擦洗上药。

但经大夫检查，他必须住院动手术。

大夫把他安排在高干病房。

他说：“不行，不行，我们阿里穷，住不起，还是把我安排在普通病房吧！”

他住在一个普通的病房里。

拉萨市许多领导和同事们来看望他。

孔繁森伤口未痊愈，几天后便出院了。

出院后，他依然忙碌不堪，趁在拉萨的机会，他跑电力局，研究阿里郎久地热站的改建、扩建工程，开发电力资源问题；他找地质局，勘察阿里矿物资源；他找卫生厅，协商解决阿里牧区普及初级卫生保健的问题；他找教委，解决改善和增建县区小学和师资紧缺，急需提高适龄儿童入学率问题；他找交通厅，研究拉普公路的改善交通条件问题；他找旅游局和拉萨市旅游开发公司，帮助阿里上项目，充分开发旅游资源，增加外汇收入……

妻子和女儿第二次来拉萨，他又没有陪她们转一转、玩一玩，甚至连布达拉宫都未带她们去参观一下。

不过，这次妻子和女儿 8 月 26 日离开拉萨时，他亲自去机场送妻子回山东，送女儿去重庆读大学——女儿考上了重庆政法学院，且成绩名列拉萨市第七名。他手头拮据，连妻子的飞机票钱都凑不够，好在他在成都的朋友很多。他身为地委书记又不好意思向别人借钱，没办法，妻子出面从他的朋友那里借来 500 元钱，才买到机票，上了飞机。

风疾雪涌三千里

高原春节

☆☆☆☆☆

1994年的春节降临到风雪高原。

前几天，孔繁森一连收到家乡亲人的几封来信和电报，要他回内地过春节。90多岁的老母亲不见她的小三儿回来，年饭也不吃，妻子和儿子、女儿盼他归来更是心切。

每一个节日对远方游子都是一个感情上严峻的考验，是一座感情的炼狱……他怎么不想离开这里，回到故乡和年迈的母亲、和妻子儿女、和乡亲父老一起欢欢乐乐地过个佳节呢？可是不行啊，春节期间，地委、行署的一部分汉族干部还乡，也有些藏族干部回拉萨度假，人手更紧张，他身为地委书记。军分区第一政委，怎好意思舍下6万阿里百姓群众，舍下风雪里值班站岗的边防官兵，去独独享受一个小小家庭的天伦之乐？

除夕这一天，他和公务员小梁、汽车司机小杜一直忙乎一整天，剁肉馅，包水饺。晚上把在地委、行署工作的藏族干部都请到他的小屋里，一块共度汉族的新春佳节。

第二天一早，孔繁森又带着公务员小梁、司机小杜，按照汉族的习惯，给藏族干部、职工，给留在阿里的汉族干部和边防战士，挨家挨户拜年。

初一之夜，细心的孔繁森又把不能回内地过节的汉族干部和职工十几个人邀集在自己的小屋，准备了一箱啤酒，他扎着围裙忙里忙外地炒了几个菜，大家围在一块，他又是斟酒，又是冲茶。为了使气氛浓烈、欢乐，孔繁森不是说个笑话，便是冲着几个小伙子吆喝:“小兔崽子们，把酒都给我干了，谁剩一滴，罚谁三杯!”可是一切努力都失败了，宴会的气氛仍然充满着悲壮和凄婉。

梁福兴含着泪对孔繁森说:“书记呀，我想家呀！别人都团圆了，咱们……”话没说完，泪珠儿便扑簌簌掉下来。

“傻娃子，别说了。”孔繁森学着四川腔，说道，“咱们能为祖国看守西南大门，是咱的光荣啊！要不，人民群众能万家团圆吗?”那张黝黑消瘦的脸上挂着笑靥，笑纹里却蕴藏着三分凄凉，七分悲怆。

几个“小兔崽子”也都止不住热泪涌流：“孔书记，我们几个早就想调离阿里了，有你这样的领导，我们……还能说什么呢!”

一个40多岁的汉子站起来，这就是那位他上任第三天，第一个敲响他的门送请调报告的干部，不知是因喝酒而激动，还是被孔繁森的人品所感动，手端着酒杯哆哆嗦嗦，眼睛潮润，声音发颤：“孔书记，就凭你的人格人品，凭你这股精神，我心中羞愧呀……请调报告给我，我要当众撕毁，为了……这片土地，我豁出去啦!”说着一口饮尽。

从6月份举行的那场大讨论，人们看到了阿里高原的希望，看到了未来发展的宏伟蓝图，看到这样好的带头人扑下身子，不要命地工作，使他们增强了信心，坚定了信念，得到了鼓舞和力量。

原来40多位写了请调报告的同志，有不少人悄悄地找到孔繁森要回请调报告。但孔繁森认真对待每一个同志，为每一个干部负责，查清他们的家庭情况、身体状况，一次次主动地给拉萨有关部门和外省、市、地组织部门联系，安排了8个同志调离了阿里。

孔繁森像一团炽热的火球，走到哪里，便把光和热辐射到哪里；他像一个无形的强磁场，以巨大的不可抗拒的魅力，吸引和感召着周围的人们，凝聚着周围的人们。那些想调离阿里的同志，坚定了献身边陲的信念；那些心灰意懒的同志，振奋了精神；那些当一天和尚撞一天钟、无所作为的人昂扬了斗志。甚至那说不清、理还乱的同事间纠纠葛葛、恩恩怨怨，感情上的坚冰，也被他那颗炽热的心化解了……

50年罕见的雪灾

☆☆☆☆☆

本来气氛并不浓烈的边陲小镇的春节尚未过去，连日的狂风暴雪却又袭击了阿里大地，节日欢庆的氛围顿时变成一片沉重的阴影。

孔繁森屋里的电话铃不时响起，各县纷纷告急，50多年罕见的雪灾已席卷而来。

2月18日，改则县委来电：去冬今春连降大雪，有的地区已落雪50厘米，还有的深达80厘米。本来就连年干旱的草场，又被大雪吞噬，牲口无草可食，大批死亡，现已初步统计，饿死冻死的牛羊马已达69525只（匹、头）。

2月19日，措勤县委来电：全县已有十几个区乡陷入雪灾之围，牲口开始大批死亡，已查出，有61677只（匹、头）冻死，饿死。

2月20日，革吉县政府来电：严重的雪灾造成大批牲口死亡，仅亚热区冻死饿死的牲口已达16439只（匹、头），占1993年存栏量的13%。

2月20日，日土县委来电：牲口开始大量冻死、饿死，出现了羊吃羊（饥饿的羊啃噬同伴身上的毛）现象。怀胎母畜大量流产，幼畜成活率几乎为零。

2月21日，玛尼区来电：牲口死亡之数已达26444只（匹、头），占1993年存栏量的15.46%。

还有的县、区来电：有30%的牧民已断粮，生命遭到严重的威胁。

……

孔繁森心焦如焚，眉宇间弥漫着忧郁和焦虑，他眉毛拧在一起，嘴唇也由连续失眠而燎起火泡。这是对新任地委书记又一次严峻考验。

地委立即召开了紧急会议，会议开得简短，孔繁森向大家报告了各县区的灾情，决定立即组织三个工作组，分赴各县指导抗灾。孔繁森带一个工作组负责革吉、噶尔、改则三县。

1994 年 2 月 27 日，孔繁森一行来到改则县亚热区。这个区的两个乡——旧仓乡和曲仓乡，都处在海拔 5100 至 5700 米的高原上。孔繁森要去这两个乡察看灾情，区长阻拦道："不行，孔书记，你过不去那山，太危险！"

"不，我一定要去，就是天下刀子我也要去！"一向温厚的孔繁森火气冲冲地说，"那里受灾的藏胞们正盼着我们，我们早去一天，他们就早一天脱离困境！"

这时随从孔繁森而来的几个年轻同志也因高山反应，都病倒了。孔繁森也由于连日在风雪里奔波，又患了感冒（药箱里虽有感冒药，他不舍得吃），他已疲惫不堪，时常感到胸闷、头晕，他脸色发乌，嘴唇发紫，但一想到受灾群众还在死亡线上挣扎，一双双忧愁焦虑的眼睛，在盼望着党和政府的搭救，怎能顾得自己身体的疲惫？

"不去，我不放心，我爬也要爬到那里！"

他又说："党的温暖是靠我们每个干部的工作去体现，在人民群众受灾受难时，我们要急群众之所急，雪中送炭，把党的关怀和温暖送到他们的心坎上。"

区长见孔繁森决心难以改变，只好挑选两匹好马。孔繁森和公务员小梁便跨上马，背着药箱，迎风冒雪，向旧仓乡和曲仓乡出发了。

严重的高山反应，疲劳和寒冷，已把他们折磨得不像样子。腿脚麻木了，脸麻木了，手麻木了，即使钢铁之躯，也难以忍受这样的折磨。在这 5700 米的高山之颠，无形的生命之源更为稀薄。

孔繁森一手牵着马，一手拉住小梁的胳膊，艰难地抬起腿脚，又沉重地落下。流沙似的雪流淹没了他的大腿，像陷进烂泥塘中似的，为了拔出腿来，他不得不将胸脯贴着雪面，每前进一步，他都得张大嘴巴，拼命地喘气，就像被扔到岸上的鱼。但他心里却十分清醒，前进一步，就离群众近一步，被围困在大雪中的灾民们在眼巴巴地盼着他们到来！

又一阵狂风携带着巨大的雪团向他们打来，孔繁森扑通一声跌倒在雪窝里。

“孔书记！孔书记……”小梁惊慌地喊叫，用尽全身力气拽着孔繁森的胳膊。

“你……小梁，牵好马……”孔繁森咬着牙，挣扎着，摇摇晃晃地站起来，满头满脸都沾满了雪。他浑身软绵绵的，连一点力气都没有了，他趴在马背上，大口地喘息着。

但他心里只有一个念头，冲出去，冲下这道山坡就是胜利。

不到70公里的雪路，走了整整一天，直到黄昏，才发现有几座帐篷黑乎乎地出现在雪野里，像是几块落在地上的云团，这是曲仓乡的一个牧村。

夜晚。

孔繁森躺在帐篷里，只觉得天旋地转，头脑里仿佛装进一个浑沌的天地，头疼得像锥扎，颅骨似乎破碎，发出断裂的声响，碎片飞迸出来；胸腔却是发闷，憋得浑身难受，他解开皮大衣，痉挛的手又撕开毛背心、衬衣……他几乎想扒去所有的衣服，想扒开胸膛，扒出那颗狂跳的心，让它能够畅快地呼吸一番，一切都无济于事，他仍感到难以忍受的憋闷。由于数日连续在暴雪中跋涉，高寒缺氧的环境使孔繁森的身体严重透支。

孔繁森好像意识到熬不过这一夜，他用尽全身力气挣扎起来，抬起沉重的头颅，拧亮手电，打开笔记本，掏出圆珠笔，吃力地写下几句话：

小梁：

不知为什么我头痛得厉害，怎么也睡不着。人有旦夕祸福。我写此条有一事相求。万一我今夜发生不测，第一你不要难过；第二向地委、行署领导讲，但这不幸的消息不能告诉我的九旬老母；第三你要每月以我的名义给我家里写一封平安信；第四我死在这里，就埋在这里，丧事从简，切切。

头晕，恶心，胸闷，咳嗽，像一道道惊涛骇浪，时而把他瘦弱的躯体掷到波峰，时而抛到浪谷，但孔繁森的意识还未冻僵，还未窒息，还在汩汩地流动，他不能死，他尚未耗尽生命的全部意义，他的路还未走完，他不能倒在这抗灾救灾的阵地前沿，在他的生命走向归宿之前，他是属于六万阿里人民，属于年迈的老母亲、贤惠的爱妻和可爱的儿女……

他呆呆地等着曙光的到来。死神悄悄走了，天亮时，他发现自己还活着，生命的火焰并未熄灭，他感到惊讶！当一个人在信念支撑下，生命是多么顽强，调动了源源不断的抗体，滋长着不竭的活力。

孔繁森挎上小药箱，骑上马和小梁挨家挨户走访受灾的牧民。依然是一幅幅读者曾经看到的镜头，冻饿而死的牛羊，没有皮毛、青乌发紫的尸体，奄奄一息者瞪着呆滞的绝望的眼睛，孱弱凄凉的咩叫声。牧民流着泪或倚在帐篷门口，或跪在卡垫上，望着茫茫雪野，祈祷上苍保佑……

雪灾的启示

二十几天到灾区察看灾情，指挥群众抗灾救灾，地委和行署派去的工作组都已回到狮泉河镇，达瓦次仁专员也从普兰县赶回来。

这次灾情之严重，受灾面积之大，持续时间之长，实属历史上之罕见。全区牲畜死亡：羊 544400 只；牛 40000 头；马 2000 余匹；幼畜 420000 只，直接经济损失达 8212 万元。有 30%以上的牧民断粮，处在饥寒交迫之中。

孔繁森和达瓦次仁专员连续主持召开了几次紧急会议，成立了地委、行署抗灾救灾指挥中心。并在狮泉河镇发动党政机关干部、学校医院和人民团体、边防部队官兵、寺庙僧侣等各界人士捐钱捐物，支援灾区。短短几天内，干部职工和部队官兵便捐款达 32 万元，地委和行署筹集救灾款 300 多万元，救灾物资上百吨。各县委、县府也都紧急行动起来，成立了相应的救灾抗灾指挥中心。地委、行署组织了 375 人、73 个工作组，携带粮款和救灾物资分赴各县受灾严重的区、乡、村。

自治区党委得悉阿里遭到严重雪灾，拍来电报慰问，并发动区直机关和拉萨市机关干部、职工和居民捐钱捐物支援灾区。

一辆辆满载着救灾物资的车辆从狮泉河镇出发了。

地委和行署六大班子组成的 7 个工作组，携带着 154 万多元的救灾款和 40 多吨救灾物资，踏着厚厚的积雪向灾区出发了。

孔繁森顾不得喘息，顾不得恢复一下病弱的躯体，带领一个工作组，顶风冒雪上了路，向积雪最深的扎达县奔驰而去。

经过 20 多天的雪野跋涉、奔波，终于把救灾物品和资金送到牧村和帐篷。

饥寒交迫中的藏胞们拉着他们书记的手，呜呜地哭泣着：

"恩人哪，是共产党派来的恩人哪!"

"你们是大慈大悲大德大善的救命菩萨呀!"

"吐吉切！吐吉切！我们的好书记，扎西德勒!"

……

他想到，救灾工作告一段落，立即召开地委、行署联席会议，组织干部蹲点包片，订出明确的开发性扶贫指标。县区乡干部都要实行包扶贫点制度，做到有权力，有责任，有任务，有奖惩；明确规定，对能定期完成开发性扶贫任务的干部，在经济上给予重奖，职务给予晋升，真正把开发性扶贫工作好坏，作为考核干部政绩的一个重要标准。

雪原极域创世纪

黄金走廊不是梦

孔繁森结束抗灾救灾工作之后，大脑变得更加深沉和冷静，他再一次阅读和审视阿里，审视着阿里的历史、宗教、文化，阅读着阿里的山川、风物、民情，他常常成宿成宿地失眠，焦虑和困惑，希望和追求，信念和意志，形成汹涌澎湃的潮水，撞击着他负荷累累的心：怎样在这片土地上开创未来，开创新的世纪？这是一个多么沉重而繁杂的主题啊！

"走出原始封闭的自然经济，走出落后的生产方式！我们的普兰口岸、什布奇口岸，已经列为国家级口岸，大小 57 个通道的栅栏门也随之启开。1160 公里的边境，是我们阿里高原镶金镀银的飘带，抓住三大产业支柱——边贸、旅游、矿产业的开发，这是振兴阿里的突破点。"

不论大会小会，会上会下，孔繁森总是充满豪情和信心地这样讲。

他日夜不停，车轮飞驶，马蹄奔腾，不到两年，行程 8 万公里，踏遍雪原极域山山水水，走遍 7 个县，106 个乡他走了 98 个，接触了 6000 多个农牧民，他大脑里的蓝图更加清晰。

1994 年抗灾结束后，他又一次召开地委、行署联席办公会议，分析各县特点，将全区划为三个开发区。这标志着阿里地区经济发展指导思想又跃上一个新台阶。

区域开发，是我国乃至全世界经济发展的大趋势，它是根据不同的边缘、资源和产业状况，实行不同的产业政策，以发挥各自地区的优势，加快地域经济的发展。

他说：西南区，即普兰、扎达两县为外向型经济开发区。

这里海拔低，靠近边境线，以边贸、旅游为先导，发展第三产业。普兰商品基地和扎达“一河两沟”以农林牧副综合开发为主线，实行全面开放。

他说：东部，即革吉、改则、措勤三县为畜产品、矿产品经济开发区。这里矿产资源丰富，劳务资源也丰富，要逐步建立规模经济实体。

他说：中部，即日土、噶尔两县为多产业综合性经济开发区。利用靠近狮泉河镇的地理优势，以农牡业为主，以市场为依托，利用郎久、德汝电站优势，搞好加工业，重点搞好山羊绒基地建设，走生产、加工、试验一体化路子，同时抓好肉食菜基地建设。

孔繁森无论干什么工作，总是胆大心细，富有开拓、创新、务实的作风和魄力，给“一班人”带来信心，带来勇气和力量。

他不仅考察了重点通商口岸，而且几乎走遍了每一个古老的通道山口。他称扎西岗、甲岗热角、甲尼玛、谢尔瓦等传统边贸通口为“阿里小特区”。

他走在群山峡谷之中，想起不久前看到的一份茶马古道的材料。这是中世纪和丝绸之路一样闻名于世的古老的通商道路。那时，从四川、云南、贵州、青海等地来的马帮络绎不绝。在这群山攒聚、大江汇集之地，在这地球上最高最险的文化文明传播古道上，马铃日夜摇响，一驮驮茶叶、陶瓷、丝绸，就是通过这些山垭、通口，运到尼泊尔、印度、不丹、锡金，运到南亚诸国，通过克什米尔高原运到中亚地区乃至阿拉伯联合酋长国……

他对随之而来的县委负责同志说：

“我们必须纠正过去长期形成的那种经贸工作，就是单纯的畜产品收购和销售的陈旧观念，要树立国贸、地贸、边贸、邻国贸易、远洋贸易的大观念。我们还要通过新疆将经贸的触角延伸到巴基斯坦和独联体。”

在扎达县甲尼玛山口（这是中国、印度、尼泊尔三国的结合部），他将地图铺在地上，蹲下来，指指点点：“我们既要重视大贸易，也不忘土洋结合，要让这一道道山口繁忙起来，要让山间马帮的铃声响起来……”

1993年，阿里地区边贸蓬蓬勃勃地发展起来，有二十多年发展史的地区外贸公司一跃成为国家级外贸行业的先进集体。到1994年底，这个公司在拉萨、乌鲁木齐、北京、樟木口岸、普兰口岸都创办了经销点和办事处；与120多个国家的128个厂家建立了业务联系；也与国内109个厂家发展了业务往来。这个公司已拥有固定资产1000多万元，外贸企业进出口额达到3000多万元，创汇300多万美元。

他视察农贸市场时，对新疆维吾尔族个体商户艾得孜·吐尔逊说："你向你的同行宣传一下，我们的蔬菜市场很开放，你们大胆地进，水果呀、蔬菜呀、各种副食品呀，这既方便了我们，你们也可以致富。我们欢迎维吾尔族兄弟一块建设阿里。"

他视察地区外贸公司时，总经理索郎平措充满信心地说："明年日土县山羊绒梳理厂投产后，在这个厂的基础上，我们准备同外商合资共办羊绒加工厂，将产品打入欧洲市场。"

在改则县和革吉县视察时，他对县委、县府的同志多次讲道：要努力开发矿产业，阿里境内的矿产蕴藏异常丰富，有盐、硼、锂、钾、芒硝、铬、铁、锌、银、金、铯、花岗石、玉石等，而且品位高，分布广，有多年开发历史。全国的玻璃生产厂家，80%的硼砂来自阿里。

"脚下就是宝藏，我们怎么能端着金碗去讨饭呢？我们要采取一切措施，有计划地合理开发矿产品，首先是硼石矿的开采销售。改则县遍地都是硼美石，可以地、县合力开发，也可以组织群众有计划地开发……"

△ 庆丰收

果然，1993年年底，全区硼美石销售完成5022吨，比上年增长了11.6%。仅此一项使改则县的财政收入增加了80万元。

旅游业1993年接待宾客比上年增长了64.12%，营业收入和创汇收入分别比上年增长35.3%和11%，实现利润2.8万元，第一次甩掉了长期亏损的帽子。

孔繁森是个感情极其丰富的人，他热爱这雪原极域的山山水水。这里人烟稀少，高寒缺氧，气候异常。对于这片雄浑、悲凉的世界，他总是豪情如注。他说，我们要艰苦创业，用自己的双手托起阿里高原新世纪的太阳。他还写了许多诗篇，倾注了对这片土地一片真挚的爱心：

座座雪山，
像美丽的姑娘亭亭玉立；
条条小溪，
像绿色的玉带把雪山缠绕；
块块碧绿的湖水，
像宝石一样镶嵌在座座雪山中间。
我爱可爱的西藏，
这里有高入云天的雪山，
有绿色无边的草原，
有潺潺的流水，
有肥壮的牛羊，
还有数不尽的宝藏。

托起新世纪的太阳

☆☆☆☆☆

阿里是全国唯一的无电区。

能源和交通的滞后制约着阿里经济的腾飞。

孔繁森忧心如焚。在探索阿里发展六大优势之时，他和地委行署一班人，更为焦急的是能源和交通问题。

在离狮泉河镇30公里处有一个郎久地热站，这是80年代初期投资5000万元建设的。从厂房到设备都是现代化的，已装上两台机组，每台1000千瓦，还有两台机组没有装上。不知是由于管理还是技术上的原因，投产后只断断续续发了一个月的电便瘫痪了。

孔繁森视察了这个地热发电站，看到结满蜘蛛网的厂房，停转的机轮，弃置在院子里的设备，到处是生锈的铁管，随地抛弃的螺丝钉，孔繁森急了，他去拉萨开会，还未报到，却把车子开进了自治区地热开发公司，他向总经理顿珠嘉参呼求，他一遍遍地介绍郎久地热站的情况，讲述阿里缺电不堪言状的苦处，顿珠总经理感动了，立即组织一个专家考察组去郎久地热站考察、论证。考察组来了，考察论证一番，结论是可以恢复发电，但需要投资660万元进行改造。

孔繁森陷入左右为难的境地，资金困难，但总不能让阿里的夜晚永远是一片黑暗吧？没有电，许多工厂企业无法开办。再说，不解决这660万，等于已投资的5000万元购置了一堆废品，那岂不是更大的浪费？是上是下，孔繁森被折磨得彻夜不眠。

孔繁森连夜起草报告，向银行申请贷款。

扎西副专员带领几个助手和自治区的专家组联合办公。

孔繁森大脑里已形成一幅完整的蓝图，他对各级负责同志讲：能源开发要因地制宜，综合利用，走“多能互补、开发与节能并重”的道路。普兰、扎达、日土三县以水电为主；革吉、改则、措勤三县以光能、风能、火电综合开发为主；狮泉河镇重点搞好郎久地热电站。

“九五”规划中，他提出要消灭无电县，让光明照亮我们的帐篷，照亮我们的土屋。

在北京的金山上

孔繁森开完第三次西藏工作会议后并未马上回阿里，而留在北京。

1994 年 7 月月 16 日。孔繁森和地委的负责同志要向中央有关部委汇报阿里地区灾情、跑项目，取得中央有关部委的支持。

他定下一个思路：尽快使中央和各部委领导了解阿里地区灾情，要千方百计见到各部委一把手和国务院的领导，以引起领导的足够重视，便于落实各个项目的要求；尽可能把阿里的灾情给各职能部门汇报具体，引起同情，尤其力争让他们看看录像，要弄清中央各部委在哪些项目上投资，使我们的项目与之吻合。

他们先是跑国家经贸委，找到有关负责同志，孔繁森对阿里地区的灾情状况、发展趋势、已采取的措施和抗灾救灾中的困难等，一一作了汇报；接着他们又跑到农业部，部长刘江亲自接见他们，并答应拨款以解决阿里草场围栏建设和抗灾基地建设的困难；他们又找到财政部计划司、地方司；到了国家经委农经司、水利部"抗旱办"。所到之处，孔繁森都详细汇报了阿里灾情及有关项目的投资问题，希望得到中央的支持和高度重视。

财政部当即表态，尽最大努力拨一笔款项；水利部有关同志也表示向部长汇报争取给拨一笔资金用于打井；其他单位也都表示向本单位主要负责同志汇报，争取尽快落实。

事情并非想象的那么简单，有的部门并非像上述部委那样热情接待，跑上三趟五趟、十趟八趟，人家仍然不理不睬，冷鼻子冷眼，要么推托，要么搪塞，但是，为了解决阿里的实际困难，为了6万高原儿女的温饱，他又不得不将这难以忍受的屈辱咽到肚里，咽到心里，依然早出晚归，四处奔波。

为了节约钱，他不舍得住高档次的宾馆，而下榻于每天18元一个床位的小旅馆；不舍得乘出租车，而天天去挤公共汽车。7月的北京，赤日炎炎，一身汗一身水，白天到办公室找有关部委负责同志找不到，就晚上找到家里汇报。饿了，就在小地摊上喝碗面条或馄饨。跟随他奔波的同志说："孔书记，一个堂堂的地委书记在小地摊上吃饭，既不雅观，又不卫生，有失身份啊！"

孔繁森说："唉，一想到咱们阿里很多农牧民连温饱都没解决，大鱼大肉咱能咽得下去吗？"

孔繁森从7月16日至8月10日，整整奔波了24天，连许多部委传达室人员都熟悉了他。

经过孔繁森的不懈努力，中央有关部委对阿里经济发展滞后、自然灾害严重、农牧民生活困难情况有了比较清楚的认识，国务院有关方面负责同志，作为一个特殊情况专门召开了几个部委主管负责人会议。答应给予援助和支持，一些援建项目也一一落实，共筹集资金2500万元。

一切烦恼、痛苦、焦灼、忧虑也随之烟消云散。孔繁森心里总算舒了一口气。他激动地对随他奔波的同志说："党中央关心咱们阿里，支持咱们阿里，下一步就要看咱们怎么干了。一旦这些资金到位，咱们就要上马，搞好抗灾防灾基地，搞好草场围栏建设，抓好各个项目的施工。"他又说："国家的钱来之不易，我们不能枉花一分！"

8月10日下午，他离开了北京，心情极其振奋。

风送月迎回阿里

㊀ 春风吹到阿里高原

孔繁森回到狮泉河镇，带回了中央对西藏发展的支持，他时时都感到有一种巨大的喜悦，伴着一幅幅可以想见的憧憬激荡着他。

从某种意义上看，阿里地区将迈出巨大的一步，这是富有历史意义的一步。

五天之后，也就是 1994 年 9 月 29 日，在他的主持下召开了地、县、区三级党员干部会。这是到会人数最多的一次，边远的县、区干部不是乘车，就是骑马而来。

国庆节没有放假。

在会上，孔繁森作了题为《加强民族团结，促进发展和稳定》的报告。

几天之后，也就是 10 月 10 日，《西藏日报》发表了这篇署名文章。

会上，孔繁森首先传达了中央第三次西藏工作会议的精神和自治区党委为贯彻中央工作会议精神的决议。

接着在报告中讲述两个大问题：

一、坚持民族平等和民族团结这一马克思主义处理民族问题的总原则和总政策。从历史上分析西藏和祖国内地密不可分的关系；和平解放后，西藏在党的民族政策指引下，取得的辉煌成就和翻天覆地的变化。特别强调加强民族团结，维护祖国统一，是关系到国家命运和西藏发展、稳定的重要问题。

二、坚决贯彻落实新时期党对西藏工作的决策、方针、政策，加快发展，努力实现共同繁荣。论述了只有加快经济建设才是实现社会主义国家民族间真正平等的根本途径。中央关心西藏，全国支援西藏，西藏怎么办？解决西藏的困难和问题，实现西藏的伟大振兴，归根结底要靠西藏各族人民。

最后，孔繁森又结合阿里地区的实际情况再次重申了阿里地区经济发展的六大优势，明确地提出阿里地区三个经济开发区的宏伟设想，一幅更加明朗更加宏伟的阿里未来发展的蓝图展现在到会者的脑海里。

会议开了五天。地直机关、企事业和各县区都分头进行座谈讨论，结合本县、本系统、本区乡的实际情况，制定了宣传落实两会精神的措施和1995年的农牧业、乡镇企业的发展计划。

人心沸腾，发言热烈。

这几天，孔繁森情绪一直处于亢奋状态。白天开会、发言、听取汇报、审阅材料，晚上找人聊天、谈心，帮助各县制定计划。

他一次又一次询问大家：“中央关心西藏，全国支援西藏，我们怎么办？”这个巨大的命题摆在全区干部面前。

孔繁森在会议结束时做了《提高认识，统一思想，真抓实干，重在落实》的讲话。他提出：

一、必须不断深入学习贯彻区党委四届六次全委扩大会议精神，学习中央关于加强党的建设几个重大问题的决定，努力把全区干部群众的思想，统一到中央第三次西藏工作会议上来。

他特别强调，我们要像抓抗灾一样抓好学习。党中央第三次西藏工作座谈会，是一次对西藏稳定与发展具有特殊意义和作用的会议。这次会议不仅给予西藏62个项目共投资23.6亿元的支持，而且还给予了一系列的特殊优惠政策，把资金用好，把政策用好。如果明明有好的政策却不善于利用，明明有优势却不知道发挥，则往往自己捆住手脚，还要拉别人的后腿。

二、必须以自治区党委四届六次全委扩大会议精神为指针，调整我们阿里地区加快经济发展、保持社会局势稳定的工作思路和发展目标，真抓实干。

这位年届50岁的地委书记，由于长年工作在高寒缺氧、条件艰苦、环境恶劣的西藏，他的身体消瘦，脸庞浮肿，面色黑中泛黄，头发过早地稀疏而苍白了。

孔繁森讲得很动情，眼睛潮湿，湿漉漉的目光在会场上睃巡着——

“以党的第十四届三中、四中全会、中央第三次西藏工作座谈会精神为指针，深入贯彻自治区党委四届六次全委扩大会议精神，坚持‘三个有利于’的生产力标准，把中央的大政方针和阿里的实际相结合，以经济建设为中心，紧紧抓住发展经济和稳定形势两件大事，确保阿里经济的加快发展，确保人民生活水平的不断提高。按照这一指导思想，今后总的思路是：以农牧业为基础，以能源、交通、通讯为重点，以外贸、旅游、矿业开发为先导，以科技、教育为依托，重点突破，整体推进，全面发展。”

孔繁森在报告中还详述了每项工作的总目标和具体目标：到2000年，阿里国民生产总值达到25700万元，年增长速度为10%；其中第一产业达到10200万元，平均年增长为3.9%；第二产业为5820万元，平均年增长为34.3%;第三产业为9680万元，平均年增长为15%，在1993年基础上翻一番。消灭无电县，实现电讯程控化，并进入全国长途自动交换网；适龄儿童入学率由29%上升到60%；农牧民居地广播、电视覆盖率达到60%以上；医疗条件要取得明显改善，人人享受初级卫生保健；219国道和四国（印度、尼泊尔、不丹、锡金）至狮泉河镇的公路畅通，开通安狮、亚普公路；县级财政自给率达到一个较高的水平。

蓝图已经绘就，航道已经开通，东风已经吹满征帆，孔繁森和地委、行署一班人将在这风雪高原创造新的辉煌。世界“第三极”已升起希望的曙光，新世纪的曙光！

拳拳寸草心

这是 1994 年 6 月下旬，他接到通知，要去北京参加中央召开的第三次西藏工作会议。路过山东，他要回到故里，看望一下乡亲父老，看望白发苍苍的老母亲，看望那些曾朝夕相处的同事和领导，看望一下妻子和儿女，还有那片生他养他的黄土地……

他让车子停在河堤上，从车上跳下来，提着大包小包，向村里走去。熟悉他的司机并不觉奇怪，他当官不像官，每次回乡看望父老乡亲，他总是不让轿车进村。孔繁森对那种脱离群众、一旦“红袍”加身便忘乎所以的官僚们深恶痛绝。

每次回乡，哪怕住上一天两天，他也是把提兜往家里一放，便扛起锄头铁锨下地干活。割麦、锄草、翻地、运粪，遇到什么活儿就干什么活儿。晚上回来，自己亲手做几个菜，把党支部和村委会的干部召集到家，探索村里脱贫致富的路子，研究奔小康的发展规划……他成了党支部和村委会的“顾问”。

还是上次他回故乡时，顾不得洗去一路风尘，回到家里，便用一辆小推车把母亲推到挖渠工地上，让老母亲看看热闹的场面。他衣服一扒，拿起铁锨，跳到水渠中，和乡亲们一起干起来。乡亲们说:“繁森，你现在都是市长了，还像个庄稼人 !”孔繁森道:“咱是庄户人出身，忘了劳动就是忘了本哪 !”他在家住了三天，竟然干了两天半活儿 !

这次孔繁森的到来，又给全村带来一股欢欣的浪花，他把带来的礼品和从西藏买来的土特产一份份分给乡亲们。

晚上，他伏在老母亲身边，为娘尽一份游子的孝心。

“三儿，你学习还没有完吗？”瘫痪在床的老母亲伸出瘦骨嶙峋的手拉着小儿子的胳膊，睁大昏花的眼睛，看着又黑又瘦的儿子，泪水从眼窝里滚淌下来。

他心中也在剧烈地颤抖，一股又咸又涩的液体从脸颊上流淌下来：

“娘，还没学完……”

“北京离这儿好远吗？”

“好远好远呢……”

九旬的老母亲哪里知道，她的小儿子还在西藏，而且去了更远的地方……

过了一阵，老母亲又问：

“饭，能吃饱了不？”

“吃饱了。”孔繁森掏出手绢，擦擦泪眼。

“咋比上一趟瘦了？”

“哦，娘，这一阵子学习累呗……”孔繁森声音呜咽了。

△ 孔繁森一家人合影

△ 孔繁森和母亲在一起

在旁边的哥哥和嫂嫂也掉泪了。

孔繁森对哥哥嫂嫂说："我常年在外，不能侍候咱娘……这些年让你们受苦受累了……做弟弟的心里难受呀！"说着，又泪眼朦胧。

"繁森，你别这样想，"哥哥哽咽道，"你在外面好好为公家办事，别分心，别惦记家……"

嫂嫂也用衣襟擦擦泪眼，说："兄弟，你这趟回来，不如上一趟，又黑又瘦，也显老多了……唉，他婶子不在你跟前，你也要在意着自己呀！"

一家人泪眼婆娑地说了半宿话。哥嫂回屋安歇，孔繁森躺在母亲身边，却怎么也睡不着，一会儿用扇子为母亲轻轻地扇着风儿，一会儿又掖掖蚊帐角儿。

离开村子时，哥哥看到这位当上地委书记的弟弟，依然是那身半新不旧的西服，连个乡干部的衣着都不如，便问他：

“你缺钱用吧？”

孔繁森沉默不语。

当农民的哥哥心里明白，这位“乐善好施”的弟弟，总是把钱用到比自己更困难的百姓群众身上，便拿出前几年在窑场打坯烧砖挣下的钱和卖棉花积攒的2000元交给弟弟：

“你为公家忙事，花费大，把钱带上，去北京开会，也该做件像样的衣服！”

“哥哥，”孔繁森流着泪，声音有些颤抖，“你这么大年纪，上要照顾老人，下要照管孩子，挣点钱不容易，当弟弟的这些年没有帮过你的忙，这钱，我咋好意思收呢？”

“不，你不要瞒我。俗话说：穷家富路，出门在外花销大，你一定要收下……再说，这几年家里日子比过去强多了！”哥哥眼圈也红了，硬把2000元钱塞进弟弟的口袋。

孔繁森含着泪，接下了哥哥的资助。

彩虹逝去，留下一个黑色的镜头

最后一次视察：浪漫而庄严

☆☆☆☆☆

西藏自治区党委四届六次全委扩大会议结束后不久，自治区党委宣传部长陈汉昌带领一个工作组来到阿里。地委书记孔繁森陪着陈汉昌一行来到扎达县察看边境贸易和旅游开发情况。

从 11 月 1 日离开狮泉河镇，孔繁森陪同陈汉昌等工作组的同志一连奔波了整整 10 天，10 日这天他们踏上归途，一路上他们不仅考察了边贸和旅游，还到牧村察看，现场办公，解决了许多县、区、乡的实际问题：从机关干部办公住房到牧区的草场建设；从商贸旅游业的建设，到农区的水利灌溉；从公路交通的营建到乡镇的小水电站的改造和扩建；从抗灾救灾到边境的稳定……

每到一处，只要是有驻军的边防哨卡，孔繁森决不漏过，总要亲自去哨卡慰问高原卫士。从家乡长途拔涉来探望他的儿子孔杰随他一路颠簸，除了在行车途中拉几句家常，一到驻地，他几乎忘记了这位来自万里之外的亲人；更使儿子产生小小怨气的一点是，他从家里给爸爸带来的营养品、食品，爸爸不仅不舍得自己吃，也不舍得让他吃。一路上不是送给边防哨所的官兵，便是送给牧民们，害得他啃了好几天方便面。

归来的路上，每遇到一座座帐篷，孔繁森就让车停下，背起药箱走进帐篷。藏胞们一听见车声早就出来了：

“康木机书记来了!”

“菩萨书记来了！”

“孔书记又来看望我们了！”

……

△ 陪同外宾参观大昭寺

回到狮泉河镇，孔繁森一连几天都陷入高度紧张和忙碌状态，根本无暇照管前来看望他的儿子。随着时间的推移，孔繁森和他的一班人的构想逐渐清晰，思路逐渐明确，一条切合阿里实际的经济发展战略逐步形成：要抓住中央第三次西藏工作座谈会提供的历史机遇，充分利用全国支援西藏的有利条件，北联新疆，南拓边贸，发挥畜牧业、矿产业、旅游资源、特殊政策等六大优势，因地制宜分类指导，推进三个不同类型又互为补充的区域经济开发，带动全地区到本世纪末走出贫困。

他决定 14 日和陈汉昌部长、行署专员达瓦次仁等地委、行署负责同志组成考察团，前往乌鲁木齐，这是振兴阿里经济发展战略迈出的关键一步。他要与新疆有关部门协商阿里物资进出口问题；他要研究阿里与新疆经济协作问题；他要落实阿里与新疆共同开发边境口岸问题……还有冬季已经到来，阿里干部、职工、居民过冬取暖的煤炭、油料、粮食、蔬菜等等的运输问题。不然，一旦大雪封山，将会带来很大的困难。

一连三天的紧张准备工作结束后，直到出发的前一夜，即 11 月 13 日夜晚，孔繁森才稍稍安静下来。

生命的最后报告

1994年11月14日，凌晨。

由孔繁森、陈汉昌部长、达瓦次仁专员率领联合考察组，分乘四辆丰田吉普，沿着新藏公路向乌鲁木齐出发了。

11月20日，孔繁森一行到达了乌鲁木齐。

新疆维吾尔自治区党委代理书记，是原山东聊城地委书记王乐泉。

王乐泉是个伯乐，慧眼识英才，是他和王克玉部长荐拔孔繁森出任拉萨市副市长的。

故人相见于他乡，感慨何其多!

王乐泉伸出温暖宽厚的大手抓住孔繁森的双手，紧紧不放，两眼慈祥地打量着孔繁森，才几年不见，繁森已变得如此苍老：头发白了、稀疏了，脸瘦了、黑了……

王乐泉心里酸楚楚的，目光湿润润的，声音微微颤抖：

“繁森，你……受苦了！”一句话未说完，泪花在眼睛里浮动起来。

孔繁森心里也很激动，声音有些异样：“王书记，我这不是好好的嘛！……这次来，就是向老领导求援来了！”

“好，好，要钱有钱，要物有物，要人有人！”王乐泉慷慨地说，“西藏自治区，阿里，需要什么，我们支援什么！”

一连几天的洽谈协商，新疆维吾尔自治区不仅热情地接待了西藏的客人，还就进一步支持、帮助阿里发展经济和改善人民生活问题作出了许多援助决定。通商贸易、燃料能源、交通运输、粮食蔬菜等等，一切阿里所求，新疆自治区党委都慷慨应允。孔繁森心情格外激动，抓住王乐泉的双手，连声感谢道：“谢谢新疆自治区党委，感谢新疆自治区各族人民的支持！”

这下，阿里的一些大问题都解决了！

11月24日，陈汉昌部长率自治区工作组先行离开乌鲁木齐返回拉萨。

这天夜里，孔繁森躺在昆仑宾馆席梦思床上，却彻夜难眠。

孔繁森爬起来，披上衣服，拧亮台灯，把一夜思考的问题，匆匆写下，让即将起程返回拉萨的陈部长带给自治区党委——

有关几个问题请陈部长参考

一、关于阿里地区的能源交通问题，准备给国务院写个专题报告，同时拍个专题片。请示一下自治区人民政府是否同意。

二、今年七月以自治区人民政府的名义给中央有关部门打了个专题报告，解决部分救灾款。当时财政部答应300万元；经贸委200万元；计委1000万元（抗灾基地建设）；农业部1000万元，煤炭部80万元（已到阿里）。

请陈部长问一下，财政、计委、农业部（的款）是否到位。

三、革吉县的茶城茶矿和电力工业厅、地矿局联合开发的问题。

四、郎久（地热）电站现已发电，但电量只有600千瓦，自治区地热大队答应给打风险井（即有气给钱没气不给钱），请政府领导研究一下是否解决300万元打三口井。

五、阿里干部职工的办公条件、住宿条件太差，是否同意阿里地（委）、行（署）盖个办公楼。现有的综合办公室，改为公、法、司、政法委的办公室。他们现在办公地点是60年代土木结构，已成危房。

六、自治区提出全区教育到2000年要实现两有"八〇"的规划，是否请区教委领导来阿里考察一下，并帮助制定一下发展规划。

七、阿里地区财政赤字800万，原因一是两年增加大中专学生300人，每人解决经费1.2~1.5万元；二是物价、交通费用加大开支；三是取暖经费大观东（煤矿名　　笔者注）每吨焦炭1400元；四是汽车修理费开支大；五是干部、职工、群众的公费医疗开支大，主要是病号多，有的在内地长期住院。

八、民兵事业训练费用，武装部的建设，请自治区解决。

九、请安排适当时机，自治区派个综合性工作组对阿里全面考察，以便修订阿里的经济发展规划。

达瓦次仁

孔繁森

（1994. 11.）24号

△ 向外宾介绍阿里

孔繁森写到这里停下来，忽然又想起什么，提起笔来，又刷刷地补写起来：

十、关于新疆自治区和西藏自治区、新疆军区联合写报告维修219国道的问题、建机场问题、输气管道问题。

十一、日土县德如电站欠包工队款问题，自治区电力工业厅电建公司承包的工程，又转包给包工队的工程，一是没合同，没图纸，钱从何处出。

十二、和新疆联合申请共同建设开发日图（土）县境内都木齐列口岸建设问题。

……写到这里，孔繁森起身离开写字台，在屋子里踱起步来。阿里地区未来发展的蓝图更加清晰、明朗，地委、行署在家里的同志正忙于修订“九五”规划，不知进行情况如何，但他却充满信心、豪情和力量。有党中央的支持、自治区党委的正确领导，有阿里6万儿女，还有这些特别能忍耐，特别能吃苦，特别能战斗，特别能奉献，特别能拼搏的党政军干部、职工和战士，阿里是有希望的，风雪高原会腾飞的！

1994年11月29日，孔繁森和达瓦次仁专员一行离开乌鲁木齐，前往位于原中苏边境的新疆自治区北部边城塔城，考察边贸口岸，在这里打开一个窗口，直接和西亚六国进行外贸交易。

孔繁森离开乌鲁木齐，儿子小杰也要回山东，但孔繁森没有钱为儿子买一张机票，孩子只好向办事处的叔叔和司机小杜叔叔借钱定购了一张机票，等候四天后的班机。

四辆“丰田”牌轿车在大戈壁滩上奔驶。在前面“开路”的是阿里地区公安处长乘坐的专车，第二辆便是孔繁森乘坐的地区运输公司的车，次后便是达瓦次仁专员和地直有关部门负责同志所乘的两辆车。孔繁森的司机小杜在乌鲁木齐时请假要回湖南老家探亲，孔繁森只好改乘了运输公司的车辆。

车辆在克拉马依沙漠的边缘地带奔驰，而它的东部便是著名的准噶尔盆地。

孔繁森热爱祖国的壮丽山河，也热爱这戈壁大漠，这原始的粗莽，这亘古的荒旷，令人惊心动魄。

突然，天空出现一道彩虹！啊！那壮美的彩虹，灿烂绚丽，令人惊喜。苍穹万里，荒原万里，彩虹万里，飞架天地，构成天地之大美，那是慑人心魄的美，那是撼人心旌的美！

孔繁森让汽车司机停车，他要下车拍摄几帧照片。

他举起照相机，调好焦距，一连拍摄几张，才跳上车。

这时在前面“开路”的公安处长的车早远驰而去。

孔繁森坐在前排，和司机并列，后排坐的是运输公司的经理等人。

司机为了追赶“开路”的公安处长，加大油门，开得极快，可以说惊心动魄——这里没有斑马线，没有红绿灯，浩瀚的大戈壁滩任你驰骋纵横。

车辆擦着鹅卵石飞驶，路面不时出现冰雪。

车开得更快了，道路刷刷地向后掠着。

突然一个令人惊骇的黑色镜头出现了：车轮掠过一块大卵石，

△ 孔繁森纪念馆

腾地一下子溅了起来，接着翻了车，一连打了四个滚……

车子从翻车的起点到终点61米。孔繁森从车里被甩出13米……

此地正是托里县到巴克图口岸之间。

时间是12点40分。

托里县医院。

达瓦次仁专员看见穿白大褂的，便扑通跪下说："我求求你们，救救我们的孔书记，救救我们的好书记！"他哭天嚎地。

其他随行人员也都大声地哭叫着请求医生："救救我们的好书记！"

但一切都晚了。孔繁森被摔断九根肋条，其中一根扎进了心脏。

哭声，喊声，叫声，祈祷声……人们哭疯了，哭傻了，哭晕了！却再也唤不醒他们的好书记了！

他走了，走得很急，很快，很远，已走到地平线的尽头，走进那个永恒的幽冥的世界……

一幅白色的布单盖住了孔繁森那瘦弱的躯体……

乌鲁木齐市殡仪馆。

这是1994年12月8日。

西藏自治区党委、政府，阿里地委、行署，拉萨市委、市府

△ 聊城市孔繁森纪念馆

负责同志飞往乌鲁木齐，在新疆自治区党委和政府的协助下，举行了隆重的遗体告别仪式。

孔繁森静静地躺在那里，他的眼睛闭上了。面部呈现出一种安详的表情，一种大慈大悲的表情，一种大度超然的表情，一种涅槃般庄严的表情……

一面鲜艳的党旗覆盖在他的遗体上，鲜花和松枝摆满他的身旁，他太累了，他要在鲜花丛中小憩一下……

噩耗传来，办事处的人惊呆了！谁也不相信，他们的好书记孔繁森会遽然而去；接着，自治区党委、自治区政府，拉萨市委、市府的领导得到噩耗，顿时感到一片惊愕、悲痛、惋惜。

自治区领导请示中央，关于孔繁森同志的骨灰安放问题，中央有关领导答复，分放拉萨和他的故乡山东聊城，分别在两地举行骨灰安放仪式。但阿里党政军民纷纷要求将孔书记的骨灰一部分安放在阿里，自治区党委最后只好采取折中办法：在阿里修建孔繁森的衣冠冢，以慰阿里人民怀念之情，以安阿里人民挚爱之心。

12月15日。

拉萨市革命烈士陵园。

西藏自治区党委和自治区人民政府为孔繁森举行隆重的骨灰安放仪式和追悼大会。

近千名干部、职工、农牧民、解放军官兵胸戴白花，臂戴黑纱或手捧哈达，为人民公仆孔繁森送行。

哀乐奏起，悲痛的氛围笼罩着烈士陵园，凝望着孔繁森的遗像，一双双红肿的眼睛里渗出泪花。整个会场里一片啜泣声、哭唤声。孔繁森生前抚养的两个藏胞的孤儿——10岁的曲印和8岁的贡桑，直到现在才明白他们的爷爷不会再来看望他们了。两个孩子抱着爷爷的遗像，泪流满面，声嘶力竭地呼喊：

“爷爷，爷爷，你回来呀，我要爷爷！”

撕肝裂胆，催人泪下。

12月14日。

中共山东聊城地委、山东聊城地区行政公署和广大人民群众为孔繁森举行隆重的骨灰安放仪式。

烈士陵园里，人山人海，到处是白花、花圈、挽幛、挽联。哀乐回荡，气氛庄严肃穆。

山东省委副书记、副省长陈建国和省委常委、组织部长王克玉及有关同志前来参加骨灰安放仪式。

中共西藏自治区委副书记、自治区政府常务副主席杨传堂，拉萨市委、市府，阿里地委、行署以及岗巴县委、县府都派代表来到孔繁森的故乡参加骨灰安放仪式。

安放仪式开始，沉重悲痛的哀乐奏响后，2000 多名干部群众泪水涌流。

中共聊城地委书记陈延明致悼词，他高度评价了孔繁森的短暂而光辉的一生。

当陈延明话一讲完，五里墩村男女老少 375 人齐刷刷扑通跪倒在地，放声痛哭，悲天恸地。

2000 多名干部和群众也都放声大哭。

五里墩的乡亲们怎能忘记孔繁森那一幕幕对他们心怀赤诚之心的情景啊！他给多少老人送过御冬的棉衣，送过礼品，送过拐杖，送过医药，给多少户人家解困济难……

鲁西平原这块古老的土地哺育的一代英杰，这母亲大地上培育的人民公仆去了。

他走得那样匆忙，没来得及喊一声："我的白发老娘！"

他走得那样突然，没来得及看一眼生他养他的桑梓热土；

他走得那样仓促，没有来得及问候一句他的善良贤慧的结发爱妻；

他走得那样急迫，没有回过头来亲吻一下他三个可爱的儿女；

他走得那样急慌，没有回过头来握一握那么多同事、好友、属下的手……

风萧萧兮阿里寒

凛冽的朔风低哑地呼啸着，不时夹有大片大片的雪花郁郁地飘落下来，灰蒙蒙的冻云滞滞地移动着，悲凉凄惨的氛围沉重地压在西南遥远边陲小镇。

这是公元1994年12月5日。

阿里地区首府所在地狮泉河镇。

不足5000人的小镇几乎倾家倾城而出。

谁都不说话。沉默。悲哀。肃穆。

六天前——即11月29日，他们亲爱的地委书记、阿里军分区第一政委、阿里地区政协主席——山东省援藏干部孔繁森在去新疆维吾尔自治区塔城考察边贸口岸途中，惨遭车祸，不幸以身殉职，年仅50岁。这噩耗传到阿里，传遍雪原极域30多万平方公里的山山水水，犹如飓风海啸，霹雳轰顶，人们懵了！呆了！傻了！好几天，人们都不敢相信这样的好书记会遽然离他们而去……

一连几天，小小的狮泉河镇，阴霾密布，悲风呜咽，空气像凝固了，生命之钟也突然停摆了似的。人们聚集在街头，忧虑和焦躁吞噬着他们的心……

风卷沙飞，残阳如血；雪峰垂首，冰河缄默。

风萧萧兮阿里寒!

人们怎能接受这一无情的事实？6万阿里地区各族儿女怎能忍受这噩耗带来的巨大沉痛？

孔书记啊，就在昨天，你还深入藏胞的帐篷，嘘寒问暖，给那些缺医少药的藏胞们诊脉打针；就在昨天，你还来往于孤寡老人之间，给他们送来水果、食品和衣物；就在昨天，你还顶着狂风暴雪，跋山涉水，察看灾情，阿里30多万平方公里的山山水水，7个县106个乡，数百个牧村，哪里没留下你的笑语和歌声；就在昨天，你还在会议上畅谈阿里的未来，部署改变阿里面貌的宏图大计，铿锵的话语，幽默的笑声，豪爽、乐观的气度，依然激荡着人们的情怀……

可是，你走了，真的走了，走得这样急，以至于人们手足无措；你走得这样突然，几乎让人难以置信！

滞重的空气中回荡着低沉的哀乐，礼堂大门两侧垂挂着白色的挽幛，上书：“高风亮节光明磊落如日月行空；抚孤恤贫爱民胜子似甘霖济世。”成排的花圈分放在礼堂里四面墙壁，中央摆放着那张熟悉的、放大的黑白遗像，镜框上搭着洁白的哈达，遗像下边摆满松枝和鲜花，两侧高高悬垂着一副长长的挽联，笔酣墨饱，醒目动心：

一尘不染两袖清风视名利安危淡似狮泉河水

二离桑梓独恋雪域置民族事业重如冈底斯山

人们向孔繁森遗像鞠躬默哀。

撕肝裂胆的哀乐沉郁、低回。

冈底斯山垂下肃穆的头颅；

狮泉河水流淌着呜咽的泪水。

几位藏族老人扑倒在灵堂桌前，面对着孔繁森的遗像，热泪如注，大声呼喊：

△《等你回家》献给孔繁森的歌

“孔书记，你对俺阿里人恩重如山，我们不能没有你呀！”

“孔书记，你不该走呀，我们的菩萨书记呀……”

一位藏族老军人率领着全家跪倒在遗像前，一边连连叩头，一边哭诉着：“我在阿里工作几十年，孔书记是我见到的最好的书记，最好的干部！”

一位儿子在阿里公安处工作的藏族老波拉长跪不起，老泪肆流，哭声嘶哑：“孔书记，你回来啊！你不是答应还来看望我么！”

70 多岁的全国政协常委、爱国人士、老活佛丹增曲扎站在遗像前，随着一阵痛绝的战栗，瘦削的脸颊抽搐着，泪痕纵横，泣不成声，蓦然，整个身子像被谁推了一下，摇晃着，扑倒在遗像前，一阵哽咽从膈膜间涌了上来……

几十个少先队员，冻红的小脸上泪水如泻，他们小小心灵从未承受过这山峦般沉重的悲痛，不知道该怎样寄托绵绵的哀思，只是用稚嫩的嘶哑的喉咙，一遍遍地重复着大声呼喊：“孔爷爷，你不能走，孔爷爷，你不能走呀……”

整理孔繁森遗物的是几位藏汉干部，他们已流不出眼泪，只是干涩地呜咽：孔书记，这是你的牙刷，用了 7 年了，牙刷上的毛毛都稀疏、脱落了，磨短了；这是你用过的毛巾，破旧得成了丝丝缕缕；这是你洗脸用的肥皂，你两次进藏 10 年间没舍得买过一块香皂；这是你的一件背心，已是千疮百孔，公务员给扔掉了，你又拣回来，洗干净，缝补好再穿，你带走吧；还有一双带补丁的袜子，两条补丁摞补丁的裤头，你带走吧；这里还有你没吸完的半盒“黄果树”香烟，还有那只小小药箱，药箱里还有几盒药品，你还未来得及给波拉、姆拉们送去……除此之外，你只留下了八元六角钱，一个地委书记留下的全部遗产！

阿里地区烈士陵园里的衣冠冢。人们挑来选去，没有找出几件像样的衣物，小小的黑色棺木里，只有一套洗得发白的破西服，还有那两条带补丁的裤头，一双破旧的胶鞋，一顶你最喜欢的藏式礼帽。

一锨一锨黄沙撒在黑色的棺木上；

一捧一捧冷土拌着热泪撒进墓穴。

黑压压，一片人跪倒在墓前……

又是一片泪水的狂澜，又是一片悲天恸地的哭声。

后 记

不朽公仆魂

孔繁森被誉为“九十年代的雷锋”、“新时期的焦裕禄”、“领导干部的楷模”、“民族团结的典范”。他用真挚的爱民之情，赤诚的为民之心，强烈的富民之愿，用生命回答了人为什么活着、怎样活着更有价值这两个根本问题。

孔繁森的人生词典里，写满了“爱”字。爱祖国、爱人民、爱事业、爱西藏、爱集体、爱家乡、爱亲友、爱自然，爱他应该爱、能够爱的一切。为了这伟大的爱，无私奉献乃至牺牲自己宝贵的生命。他像虔诚的信徒和苦行僧一样地笃信着心中的信仰，执着地坚持着共产主义信念和全心全意为人民服务的理想，无怨无悔，持之以恒。他为人民而活着，为人民而奋斗，为人民而献身。他的爱比母子之爱、夫妻之爱、父子之爱更博大，超出了至爱亲情的世俗情感，升华到一个新的境界。孔繁森是个孝子，在人民和母亲都需要他的时候，他毅然选择了赴藏的艰难征途；孔繁森是个好丈夫、好父亲，他深爱着妻子儿女，当高原藏胞更需要干部、更需要帮助时，他忍痛割舍了亲情。妻子上孝敬老母，下养育三个孩子，精神和物质上都不堪重负，孔繁森却把有限的工资用到更困难的藏族同胞身上。作为一位长期在艰苦环境中工作生活的地委书记，清贫和节俭得让人难以置信，他节衣缩食，连块香皂也舍不得买。对自己是那样苛刻，对别人是那样大方，死后只留下几个纸箱子和仅有的八块六毛钱。

拉萨的群众说，西藏和平解放四十多年来，逝世后最让人难过的有两个人，一个是班禅大师，另一个就是孔繁森。

如今，孔繁森已经离开我们 18 年了，但他的精神所具有的价值力量却始终光芒四射，照耀各个地方，穿越各个时期，成为中国共产党和中华民族的宝贵财富。也许，岁月能改变山河，但历史将不断证明，有一种精神永远不会失落。崇高、忠诚和无私，将超越时空，成为人类永恒的追求。

/ 100 位

新中国成立以来感动中国人物 /

丁晓兵 马万水 马永顺 马恒昌 马海德 中国女排五连冠群体

孔祥瑞 孔繁森 文花枝 方永刚 方红霄 毛岸英

王杰 王选 王瑛 王乐义 王有德 王启民

王进喜 王顺友 邓平寿 邓建军 邓稼先 丛飞

包起帆 史光柱 史来贺 叶欣 甘远志 申纪兰

白芳礼 任长霞 刘文学 刘英俊 华罗庚 向秀丽

廷·巴特尔 许振超 达吾提·阿西木 邢燕子 吴大观

吴仁宝 吴天祥 吴金印 吴登云 宋鱼水 张华

张云泉 张秉贵 张海迪 时传祥 李四光 李春燕

李桂林和陆建芬夫妇 李素芝 李梦桃 李登海 杨利伟

杨怀远 杨根思 苏宁 谷文昌 邰丽华 邱少云

邱光华 邱娥国 陈景润 麦贤得 孟泰 孟二冬

林浩 林巧稚 林秀贞 欧阳海 罗映珍 罗健夫

罗盛教 草原英雄小姐妹 赵梦桃 钟南山 唐山十三农民

容国团 徐虎 秦文贵 袁隆平 钱学森 常香玉

黄继光 彭加木 焦裕禄 蒋筑英 谢延信 韩素云

窦铁成 赖宁 雷锋 谭彦 谭千秋 谭竹青

樊锦诗

图书在版编目（CIP）数据

孔繁森 / 郭宝林著. -- 长春 ：吉林文史
出版社，2012.7（2024.5重印）
（100位新中国成立以来感动中国人物）
ISBN 978-7-5472-1139-7

Ⅰ. ①孔… Ⅱ. ①郭… Ⅲ. ①孔繁森（
1944～1994）－生平事迹－青年读物②孔繁森（1944～
1994）－生平事迹－少年读物 Ⅳ. ①D263-49

中国版本图书馆CIP数据核字(2012)第171681号

孔繁森

KONGFANSEN

著/ 郭宝林
选题策划/ 王尔立　责任编辑/ 王尔立 李洁华 任玉茗
装帧设计/ 韩璘
出版发行/ 吉林文史出版社
地址/ 长春市福祉大路5788号　邮编/ 130118
电话/ 0431-81629363　传真/ 0431-86037589
印刷/ 天津海德伟业印务有限公司
版次/ 2012年8月第1版 2024年5月第5次印刷
开本/ 640mm×920mm　1/16
印张/ 9　字数/ 100千
书号/ ISBN 978-7-5472-1139-7
定价/ 29.80元